www.ingramcontent.com/pod-product-compliance
Lightning Source LLC
Chambersburg PA
CBHW061818040426
42447CB00012B/2718
* 9 7 8 0 9 8 8 5 1 6 1 6 8 *

دل کا کیا رنگ کروں

انور شعورؔ

First Paperback Edition:	January 2017
Book Name:	Dil Ka Kya Rung Karun
Category:	Urdu Poetry
Poet:	Anwar Shaoor
Title:	Raja Ishaq
Language:	Urdu
Publisher:	Andaaz Publications 4616 E Jaeger Rd Phoenix, AZ 85050 USA
Email:	admin@andaazpublications.com
Web:	www.andaazpublications.com
Ordering Information:	available from amazon.com and other retail outlets

ISBN: 978-0-9885161-6-8

انتساب

اپنے محسنوں کے نام

”عاشقی صبر طلب اور تمنّا بے تاب
دل کا کیا رنگ کروں خونِ جگر ہونے تک“

ترتیب

آساں نہیں ہے عشق کا آزار جھیلنا
یہ کام اُسی کے بس کا ہے توفیق ہو جسے

ڈاکٹر فاطمہ حسن

آ گہی اور خواب کے دوراہے پر

اگر مجھ سے ایک ایسے شاعر کا نام پوچھا جائے جس نے صنفِ غزل عہد حاضر کی حسیت سے ہم آہنگ کی ہے تو میں بے تامل کہہ دوں گی انور شعور۔ شاید مجھے اپنی اس بات کے ثبوت کے طور پر ان کے اشعار پیش کرنے کا تردد بھی نہ کرنا پڑے۔ ان کے اکثر شعری مجموعے شائع ہونے سے پہلے ہی مقبول ہو چکے تھے اور قارئین کی یادداشت کا حصہ بن گئے تھے، اب جبکہ ایک بے حد مانوس شاعر کا چوتھا مجموعہ آپ کے سامنے ہے، میں صرف یہ کہوں گی کہ غزل کے وسیع تر امکانات کا تعین کرنے کے لیے اسے ضرور پڑھیئے، آپ کو اس میں مضامین تازہ کے انبار نظر آئیں گے اور بہت سادگی کے ساتھ، اس مجموعے میں آپ کو یہ شعر بھی مل جائے گا۔

جو چاہتے تھے ہم وہ کہاں ہو سکا رقم
کاغذ ہوئے سیاہ مسلسل قلم گھسے

لیکن رائیگانی کا یہ شکوہ دراصل وہ انکسار ہے جو انور شعورؔ کی ذات اور شاعری دونوں میں نمایاں ہے ورنہ اس مجموعے میں جو کچھ لکھا گیا ہے وہ انور شعورؔ ہی لکھ سکتے ہیں، ایک اور غزل کے دو اشعار دیکھئے:

گو مجھے احساسِ تنہائی رہا شدت کے ساتھ
کاٹ دی آدھی صدی ایک اجنبی عورت کے ساتھ

صرف مزدوری نہیں ہوتی محبت اے شعورؔ
کچھ ذہانت بھی طلب کرتی ہے یہ محنت کے ساتھ

عشق و محبت کے معاملات میں انور شعورؔ نے مسلسل گریز کا راستہ اپنایا ہے اور اس کی توجیہات بھی پیش کی ہیں مگر کمال یہ ہے کہ اپنا انداز برقرار رکھتے ہوئے بھی وہ خود کو دہراتے نہیں۔ ایک ہی کیفیت کی متنوّع جھلکیاں دکھا دیتے ہیں۔ ان کے اشعار کی کیفیات سائے کی طرح ہمارے ہمرکاب ہوجاتی ہیں۔ سایہ، جس کا ہونا ایک حقیقت ہے۔ قاری وہ کیفیت حاضر و موجود پاتا ہے اور محسوس کرتا ہے کہ یہ بات خیالی نہیں، نیز اسے انور شعورؔ جیسا شاعر ہی مجسم کرسکتا ہے۔ میں نے عشق میں گریز کی بات کی تھی۔ ملاحظہ کیجیے:

آساں نہیں ہے عشق کا آزار جھیلنا
وہ کام اسی کے بس کا ہے توفیق ہو جسے

اس ہوس کے دور میں انجامِ عشق
سوچنا کافی ہے ڈرنے کے لیے

ہتھیلیوں کی لکیریں دکھائیے تو سہی
ہم اس زبان سے واقف ہیں، لائیے تو سہی

مکانِ دِل کوئی خالی مکان تھوڑی ہے
پکاریئے تو سہی، کھٹ کھٹائیے تو سہی

جانے نو عمری میں کیوں ہوتا ہے عشق
کیا یہ کوئی کھیل ہے اطفال کا

بہ آسانی نہیں ملتی محبت
بھری دنیا میں یہ نعمت ہے، نایاب

اگر محبت میں یہی رویہ ہو تو شکایات لازمی ہیں، غزل کی شاعری میں شکایات نئی بات نہیں، معشوق تغافل برتتا رہا ہے یعنی ظالم رہا ہے اور عاشق ایذا پسندی کی حد تک مظلوم، انور شعورؔ نے اس موضوع میں بھی اپنا انداز برقرار رکھا ہے۔

ہم بار گاہِ ناز میں اُس بے نیاز کی
پیدا کیے گئے ہیں شکایات کے لیے
اپنی طرف سے کچھ بھی اُنھوں نے نہیں کہا
ہم نے جواب صرف سوالات کے لیے

پھر یہ براہِ راست شکایت بھی دیکھیے:

وعدہ تو کر لیا مگر ایفا نہیں کیا
تم نے ہمارے ساتھ یہ اچھا نہیں کیا
لوگوں کا اعتبار کیا ہم نے مدتوں
پھر اپنے آپ پر بھی بھروسا نہیں کیا

یہ اور ایسے متعدد اشعار ہیں جنہوں نے انور شعورؔ کو ایک بااسلوب، منفرد شاعر کی شناخت دی ہے، خصوصاً ایسے عہد میں جب صنفِ نظم کو واضح اہمیت ملی ہے اور نظم گو شعرا نے بلند مقام حاصل کیے ہیں۔ ایسے میں صرف اور صرف غزل لکھ کر پہچانا جانا انور شعورؔ کا کمال ہے اور یہ کمال ان کی غزلوں کے گہرے مطالعے کی دعوت دیتا ہے، ایک طرف غزل مخالفت کا رویہ، دوسری طرف تاریخ ادب میں فارسی اور اردو شعرا کی ایسی ایسی غزلیں موجود ہیں کہ پڑھ کر سر دھنیے اور قلم توڑ دیجیے۔ میرؔ کا ضخیم اور غالبؔ کا مختصر دیوان، دردؔ، داغؔ، ذوقؔ، مصحفیؔ، ناسخؔ، انشاؔ اور دیگر اساتذہ کے کلام کی کشش ہمیں اپنے حصار سے باہر نہیں نکلنے دیتی۔ احساسِ جمال، کیفیت کی سحر انگیزی اور فکر کے پرتو۔ شاید کوئی اور صنفِ شاعری فکر و احساس کے پل پل بدلتے رنگ کا ساتھ اس طرح نہیں دے سکی جس طرح غزل نے دیا ہے، وجہ کچھ بھی ہو، ہم تو یہ جانتے ہیں کہ آغاز سے آج تک غزل

نے اپنا مقام بنائے رکھا ہے، مضامین و معنی کا ایک وسیع میدان ہے جسے صنفِ غزل نے سجا رکھا ہے، جس میں انسانی کیفیات کی تصویریں کہیں آئینوں پر منعکس ہیں، کہیں کینوس پر مجسم۔ جو صاحبِ دِل چاہے اپنے احساس و فکر کا عکس تلاش کر لے، جو صاحبِ ذوق چاہے ان سے دل پسند معنی و مفہوم اخذ کر کے سرشار ہو جائے، اس وسیع و عریض سیارہ گاہ میں اپنا گوشہ حاصل کرنا اور بچا کر رکھنا آسان نہیں۔ اس فنکاری کے لیے روشنائی کی نہیں، خونِ دِل کی ضرورت ہوتی ہے۔ احساس کی تپش کو جھیلنا پڑتا ہے، الفاظ تراشنے کے لیے کیفیات کا تیز دھار نشتر روح پر چلانا پڑتا ہے۔ پھر بخیہ گری بھی خود کرنی ہوتی ہے۔ سچا شاعر ان کیفیات سے بار بار گزرتا ہے۔ انور شعورؔ نے بھی یہ کام بڑی مہارت سے کیا ہے۔ خود کو زخمی کیا، درد کی لذت چکھی اور اس کا ذائقہ شعر میں ڈھال دیا۔

پوری سزائے زندگی کرنے کے بعد ہی
اب ہم رہائی پائیں گے مرنے کے بعد ہی
آرام سے رہو کہ تڑپتے رہو میاں
آتی ہے صبح رات گزرنے کے بعد ہی

اب تخلیق کی سرشاری بھی دیکھئے:

دُرجِ دِل ڈھونڈ کر نہال ہوں میں
جیسے دریافت ہو دفینے کی

انور شعورؔ کہاں منفرد ہیں؟ اگر آپ غزل کی تعریف و تاریخ سے آگاہ ہیں تو اس کا جواب ان کی شاعری سے مل جائے گا۔ روایتی طور پر غزل محبوب سے ہمکلام ہونے کی یا کوئی بہت گہرا زخم آشکار کرنے کی صنف سمجھی جاتی ہے۔ یعنی عشق و عاشقی یا گہری داخلیت غزل کی پہچان رہی ہے وہ بھی اس معاشرے میں جہاں کیفیات اور تجربات محدود تھے، فرد کا باطن پیچیدہ مسائل میں نہیں الجھا تھا، غزل پہلے صرف داخلی کیفیات کی ترجمان ہوتی تھی جس پر گل و بلبل کے مضامین غالب تھے۔ اساتذہ نے انہیں وسعت تو

بخشی مگر وہ ان کے عہد کی وسعتیں تھیں۔ بدلتے وقت کے ساتھ اب حالات وہ نہیں رہے۔ اب عاشق ومعشوق آمنے سامنے ہیں۔ کیفیات وتجربات صرف داخلی نہیں۔ معاشرہ یا سماج اتنا سادہ نہیں کہ مجنوں پر صرف پتھر اٹھاتا ہو۔ یہاں جنون محبت کرنے والوں پر ہی نہیں پورے معاشرے پر طاری ہے۔اس جنوں خیزی میں ہمارے باطن و ظاہر بیک وقت نشانہ بنے ہوئے ہیں۔ روح اور جسم دونوں پر زخم لگ رہے ہیں۔ روز کے تجربات دیکھیے، انور شعورؔ کو پڑھیئے اور سوچیئے کہ غزل میں یہ بھی کہا جاسکتا ہے!

کہتے نہیں کچھ صفائی میں ہم
یہ طرزِعمل ہے اعترافی
ہم ہو گئے تندرست افسوس
محرومِ خبر گئے صحافی

اور:

توبہ پہ کاربند رہیں گے تمام عمر
ہم سے یہ نیک کام اگر ہو گیا کبھی

وہ ذات جو رؤف و رحیم وکریم ہے
واعظ ہمیں اسی سے ڈراتا ہے بار بار

تبلیغِ طریقت میں کیا زور زبردستی
ہم مشورہ دیتے ہیں اصرار نہیں کرتے

جبھی تو احمد ندیم قاسمی نے انور شعورؔ کے لیے لکھا ہے:

’’انور شعورؔ بیسویں صدی کے نصف آخر کا ایک ایسا غزل گو ہے جو اپنے معاصرین سے سراسر مختلف ہے۔ اس کی لفظیات، اس کا اسلوبِ اظہار سراسر اس کے

اپنے ہیں، وہ ماضی و حال کے کسی بھی غزل گو سے مماثل نہیں۔ اس کے باوجود انور شعورؔ کی غزل جس میں جہاں محبت کی تمام کیفیات پورے حسن کے ساتھ موجود ہیں وہاں معاشرے کے زوال و انتشار پر اس کا بہ ظاہر سادہ مگر بہ باطن پُرخیال طنز اور اس طنز کا کچوکا اُس کے ایک ایک شعر کو ایک ایک کتاب کا موضوع مہیا کرتا ہوا محسوس ہوتا ہے، اتنی سلیس زبان میں اتنے گمبھیر مسائلِ حیات کی عکاسی اس دور کے شعرا میں نایاب نہیں تو شاذ ضرور ہے۔انور شعورؔ نے جدید غزل کو نئے تیور، نئے لہجے اور نئے اسلوب سے آراستہ کیا ہے۔"

انور شعورؔ کی انفرادیت میں ان کی سادگیِ اظہار کے ساتھ خود تنقیدی کا رویہ بھی شامل ہے، ان کا یہی رویہ ہمیں اپنی طرف متوجہ کرتا ہے، وہ خود تنقیدی جو غالبؔ کے ہاں بھی نمایاں رہی ہے،انور شعورؔ کا کہنا ہے۔

خود نمائی کیا کوئی دانائی ہے
ہم نے آپ اپنی ہنسی اُڑوائی ہے
نکتہ چینی کا برا کیا ماننا
یہ ہماری حوصلہ افزائی ہے

اس خود تنقیدی میں خود آ گاہی بھی شامل ہے:

وہ جفا کار و ستمگار بہت اچھے ہیں
اور ہم ہیں کہ وفادار بہت اچھے ہیں
کارِ دنیا میں الجھنے سے ہمیں کیا ملتا
ہم تری یاد میں بیکار بہت اچھے ہیں
صرف ناکارہ ہیں آوارہ نہیں ہیں ہر گز
تیری زلفوں کے گرفتار بہت اچھے ہیں

یہاں مجھے انور شعورؔ پر لکھے ہوئے قمر جمیل کے الفاظ یاد آ رہے ہیں۔ وہ لکھتے ہیں۔

''مجھے انور شعورؔ کی شاعری آ گہی اور خواب کے ایسے دوراہے پر ملی جہاں وہ اپنی تنقید آپ کر رہی تھی اور اپنی تعبیر آپ۔ انور شعورؔ کی شاعری غیب کی آواز نہیں، موجود کی آواز ہے لیکن اس موجود کی آواز کے پیچھے غیب کے سناٹے بھی سنائی دیتے ہیں۔ وہ حقیقت سمجھنے والا شاعر ہے اور حقیقت سے لڑ کر بڑی نفسیاتی حقیقت تک پہنچنے والا آدمی۔''

بظاہر سادہ انور شعورؔ اپنے فکر و اظہار میں اتنے سادہ نہیں جتنے قاری کو محسوس ہوتے ہیں۔ میں نے پہلے بھی لکھا تھا کہ انور شعورؔ کی شاعری آج کے عہد کے اضداد کی شاعری ہے۔ ان کی شعری روایت میں ایک تصادم نمایاں ہے۔ وہ تصادم جو ماحول اور ان اقدار سے ہے جو روایت پرست معاشرے نے ان کے لیے پیدا کیا ہے۔ اس سے یہ مفاہمت نہیں کر پاتے تو تلخ ہو جاتے ہیں۔ ان کی شاعری میں تلخی گھلی ہوئی ہے، مگر شیرینیٔ بیان کیساتھ اور اس تلخی بلکہ گہرے طنز کا نشانہ وہ خود ہیں، کوئی اور نہیں۔ ان کے سارے تیر و نشتر خود اپنے لیے ہیں۔ روئے سخن اپنی ہی طرف رکھا ہے اور اس خوبی سے کہ پڑھنے والے کو نہ ان پر غصہ آتا ہے اور نہ وہ ان کے ساتھ ہمدردی میں مبتلا ہوتا ہے، بس حیران ہوتا ہے کہ یہ واردات بھی لکھی جا سکتی ہے اور اتنی بے تکلفی کے ساتھ!

آج مرجاؤں تو نکلیں نہ کفن کے پیسے
یوں تو کہنے کو مرے پاس کئی جوڑے ہیں

صرف تاریکی و تنگی نہیں، میں بھی ہوں یہاں
یہ گھر اک قبر ہے ایسی کہ جو ویران نہیں

انور شعورؔ کا یہ انداز محبوب سے ہمکلامی میں بھی قائم رہتا ہے:

خدا کا شکر، سہارے بغیر بیت گئی
ہماری عمر تمہارے بغیر بیت گئی

وہ زندگی جو گزارے نہیں گزرتی تھی
ترے طفیل گزارے بغیر بیت گئی

انور شعورؔ کی شاعری سہل ممتنع کی بہترین مثال ہے۔ ان کے اشعار میں زبان و بیاں کی سادگی کے ساتھ ساتھ وہ روانی ہے جو پڑھنے والے کو شاعری کی رو میں بہا لے جاتی ہے۔اس روانی میں کوئی بھاری ترکیب یا وزنی لفظ حائل نہیں ہوتا۔ ان کا ڈکشن خالص اردو کا ڈکشن ہے۔ ہر عہد کے اپنے مسائل ہوتے ہیں۔ اُنہیں لکھتے ہوئے اُس عہد کے مزاج سے قریب ترین اسلوبِ اظہار اسی وقت ممکن ہے جب لکھنے والے کو بدلتے ہوئے وقت کا ادراک ہو اور وہ یہ ثقافتی تبدیلی محسوس کر رہا ہو جو اس صدی میں واقع ہو رہی ہے۔ ہمارے عہد کے ایک اہم نقاد ضمیر علی کہتے ہیں کہ ''یہ ماننا پڑے گا اس عہد کا Paradigm تبدیل ہو گیا ہے''۔

جدید نقاد پیراڈائم کی تبدیلی کو بہت اہمیت دیتے ہیں۔ اس تبدیلی کی نشان دہی کے بغیر کسی بھی تخلیق کی وہ جست سامنے نہیں لائی جاسکتی جہاں تبدیلی کے اثرات موجود ہیں۔ جتنے بھی ادبی اور تہذیبی مسائل ہیں ان پر Paradigm کی تبدیلی اثر انداز ہو رہی ہے۔

حساس اور سچے شاعر انور شعورؔ کی سائیکی پر اس تبدیلی کے واضح اثرات ہیں،ان کے لہجے کی انفرادیت ، ان کے ڈکشن کا تنوع اور شاعری میں خالصتاً شہری زندگی (Highly Urbanized) کے تضادات اس بات کا ثبوت ہیں کہ وہ اپنے عہد کے مسائل سے دوچار ہیں اور نہ صرف دوچار ہیں بلکہ اس کے اظہار کے لیے وہی زبان استعمال کر رہے ہیں جو ان مسائل کے لیے موزوں بھی ہیں، مستعمل بھی۔

انور شعورؔ نے جو کچھ لکھا ہے اپنا لکھا ہے، کسی سے کچھ مستعار نہیں لیا، تکرار کی ہے تو اپنی ہی کی ہے، تردید کی ہے تو اپنی ہی کی ہے، انہوں نے فرار کا راستہ چنا مگر سمجھوتوں سے گریز کیا، ذاتی رویوں میں بھی اور اظہار میں بھی۔ ان کی غزلیں مسلسل کیفیت رکھتی ہیں۔ پتہ نہیں ،انہوں نے نظمیں کیوں نہیں لکھیں اگرچہ اپنی غزل وہ نظموں کے قریب

لے گئے ہیں۔

انور شعورؔ کے مطالعے میں جس بات نے مجھے متاثر کیا ہے وہ یہ ہے کہ ہم اکثر فنکار کی انا اور تخلیق کار کی خود پسندی کی حد سے بڑھی ہوئی سفا کیوں کا اظہار اس کے کلام میں دیکھتے رہتے ہیں مگر جب انور شعورؔ کا کلام پڑھتے ہیں تو ان کے ہاں اپنی ذات کی نفی اور دوسرے کے لیے وہ احترام آتا ہے جو ان کی تمام تر تلخ گوئی پر غالب ہے۔

لکھی ہے بندگی میں سر بلندی
ملو ہر آدمی سے سر جھکا کے
دھوکا کریں ، فریب کریں یا دغا کریں
ہم کاش دوسروں پہ نہ تہمت دھرا کریں

انور شعورؔ نے ساری تہمتیں اپنے آپ پر دھری ہیں، مگر بات یہیں ختم نہیں ہوتی، یہ ساری تہمتیں ایک خاص انسان نے بڑھ کر خود قبول کر لی ہیں، زہر کے اس پیالے کی طرح جو اسے تھما دیا گیا۔ اگر آپ انور شعورؔ سے نہیں ملے ہیں تو ان اشعار میں انہیں مجسم دیکھ لیجئے۔

آداب کا خیال مجھے جوش میں رہا
میں ہوش میں نہیں تھا مگر ہوش میں رہا
بہتان کا جواب تبسم سے دے سکے
یہ حوصلہ مرے لبِ خاموش میں رہا
ہوش و حواس میں نے ہمیشہ رکھے بحال
ہر چند میکشانِ بلا نوش میں رہا

چمن میں آپ کی طرح گلاب ایک بھی نہیں
حضور ایک بھی نہیں، جناب ایک بھی نہیں

مباحثوں کا ماحصل فقط خلش، فقط خلل
سوال ہی سوال ہیں جواب ایک بھی نہیں

رکھیں نہ کیا خدا سے ہم امیدِ بارشِ کرم
اگرچہ آسمان پر سحاب ایک بھی نہیں

ہماری سرگزشت میں ہزار واقعات ہیں
مگر جو دیکھتے رہے وہ خواب ایک بھی نہیں

ضیافتوں میں آج کل رواجِ سرخوشی کہاں
کچھ اور پی رہے ہیں سب شراب ایک بھی نہیں

ادھر کسی سے کچھ لیا ادھر کسی کو دے دیا
چنانچہ واجب الادا حساب ایک بھی نہیں

کتب کے ڈھیر میں نہ ہو صحیفہ ذکرِ یار کا
تو قابلِ مطالعہ کتاب ایک بھی نہیں

قوی بھی ہے، ضعیف بھی ہمارا حافظہ شعورؔ
مزے تمام یاد ہیں، عذاب ایک بھی نہیں

میں بزمِ تصور میں اُسے لائے ہوئے تھا
جو ساتھ نہ آنے کی قسم کھائے ہوئے تھا

دِل جرمِ محبت سے کبھی رہ نہ سکا باز
حالانکہ بہت بار سزا پائے ہوئے تھا

ہم چاہتے تھے، کوئی ہماری بھی سنے بات
یہ شوق ہمیں گھر سے نکلوائے ہوئے تھا

ہونے نہ دیا خود پر مسلط اُسے میں نے
جس شخص کو جی جان سے اپنائے ہوئے تھا

بیٹھے تھے شعورؔ آج مرے پاس وہ گم صم
میں کھوئے ہوئے تھا نہ انہیں پائے ہوئے تھا

٭

وہ کرتے ہیں اظہار کم فرصتی کا
تو احساس ہوتا ہے بے وقعتی کا

تعجب نہ افسوس ہے ہارنے پر
ہمیں علم تھا اپنی خوش قسمتی کا

سوالات کرتا ہے جو شیخ جی سے
وہ دیتے ہیں طعنہ اسے حجتی کا

مری رائے صائب ہو یا غیر صائب
نہیں دخل موقف میں بدنیّتی کا

بٹاتا ہے کافر بھی دکھ دوسروں کے
تو پاتا ہے رتبہ کسی جنتی کا

مرے سامنے وہ بچھے جا رہے ہیں
یہ اچھا طریقہ ہے بے عزتی کا

نہیں کاغذی پھول کیا پھول پھر بھی
تفاوت ہے مصنوعی و قدرتی کا

شعورؔ اپنی پتنی کا احسان مانو
کہ چھوڑا نہیں ساتھ اس نے پتی کا

٭

اُس شوخ نے مانگ لی معافی
لو ظلم کی ہو گئی تلافی

کون اپنے مقام پر نہیں مست
ہوں رند کہ صوفیائے صافی

نظروں سے پلا دیا کریں آپ
میرے لیے یہ دوا ہے شافی

طولِ شبِ ہجر کی حقیقت
کچھ اصل ہے اور کچھ اضافی

محبوب کے سامنے ہمارا
جھکنا نہیں آن کے منافی

ہیں ہم سے جڑے ہوئے کئی لوگ
جس طرح ردیف سے قوافی

کہتے نہیں کچھ صفائی میں ہم
یہ طرزِ عمل ہے اعترافی

ہم ہو گئے تندرست افسوس
محرومِ خبر گئے صحافی

مقصود نہیں اگر بہکنا
دو جام ہیں اے شعورؔ کافی

✽

ہو آئے ایک بار تو جاتا ہے بار بار
خُم خانہ آدمی کو بلاتا ہے بار بار

یہ اور بات ہے کہ کوئی دیکھتا نہیں
ہمزاد آئینہ تو دکھاتا ہے بار بار

وہ ذات جو رؤف و رحیم و کریم ہے
واعظ ہمیں اسی سے ڈراتا ہے بار بار

کم ظرف میزبان کی دعوت نہیں قبول
تھوڑی بہت پلا کے جتاتا ہے بار بار

دوری ہے مستقل نہ رفاقت ہے مستقل
وہ دِل اُجاڑتا ہے، بساتا ہے بار بار

بادِ صبا پکار کے آگے چلی گئی
سوئے ہوئے کو کون جگاتا ہے بار بار

پروردگار اسے اگر آنا نہیں کبھی
اس کا خیال کیوں ہمیں آتا ہے بار بار

ازبر ہے اپنی رام کہانی شعورؔ کو
اک ایک واقعہ وہ سناتا ہے بار بار

٭

براہِ راست ہو کیا کوئی اہلیت پیدا
کئی صفات سے ہوتی ہے ہر صفت پیدا

فریق بیر سے قائل نہیں ہوا کرتے
ہوئی تو پیار سے ہوگی مفاہمت پیدا

جو صاحبانِ سیاست نہ کرسکے قائم
کریں گے اہل محبت وہ سلطنت پیدا

زبان از سرِ نو سیکھنی پڑے گی ہمیں
کہ ہو رہی ہے جہاں میں نئی لغت پیدا

رہے ضرور ہم اس بارگاہ میں لیکن
نہ ہوسکا کبھی وصفِ مصاجبت پیدا

روایتوں سے رکھو رابطے کہ ہوتی ہے
گھسی پٹی جہتوں سے نئی جہت پیدا

شعورؔ گھر میں تمہارا کوئی مقام نہیں
معاشرے میں ہو کیا قدر و منزلت پیدا

٭

ہم اپنی ضرورت کا اظہار نہیں کرتے
لیکن کوئی پوچھے تو انکار نہیں کرتے

انسان گروہوں میں تقسیم سہی تاہم
لوگ آج بھی آپس میں کیا پیار نہیں کرتے

تبلیغِ طریقت میں کیا زور زبردستی
ہم مشورہ دیتے ہیں، اصرار نہیں کرتے

لگتا ہے اسے ہم نے ہفتوں سے نہیں دیکھا
دو دن بھی اگر اس کا دیدار نہیں کرتے

فرقت میں کب آتا ہے تعطیل کا دِن کوئی
ہم جمعہ نہیں کرتے، اتوار نہیں کرتے

پہلے ہمیں لگتے تھے دو جام بہت اور اب
سات آٹھ پیالے بھی سرشار نہیں کرتے

ہم بادہ گساروں کا معمول یہی کچھ ہے
کب خوار نہیں ہوتے، کب خوار نہیں کرتے

تو سب کو شعورؔ اپنی ہر بات بتاتا ہے
لوگوں پہ یقین اتنا اے یار نہیں کرتے

✻

ملتا ہے اس جہان میں سب کچھ بھلا کسے
حاصل ہے کوئی چیز اُسے ، کوئی چیز اِسے

آساں نہیں ہے عشق کا آزار جھیلنا
یہ کام اسی کے بس کا ہے توفیق ہو جسے

جو چاہتے تھے ہم وہ کہاں ہوسکا رقم
کاغذ ہوئے سیاہ مسلسل قلم گھسے

مرہم لگا دیا ہے معالج نے قیمتاً
اس کی بلا سے بند ہو اب زخم یا رِسے

لاتا ہے رنگ برگِ حنا کی طرح شعورؔ
دِل جس قدر دباؤ سہے، جس قدر پسے

❋

گو ضرورت ہے زہر پینے کی
ہم دوا کھا رہے ہیں جینے کی

خود اٹھایا ہمیشہ اپنا بوجھ
کب ہماری مدد کسی نے کی

لمحے گن گن کے طے ہوئی میعاد
ہر برس اور ہر مہینے کی

دِل سنبھلتا نہیں خدا ہم سے
کر حفاظت اس آبگینے کی

محنتِ شاقّہ کا پھل فاقہ
کوئی قیمت نہیں پسینے کی

شیخ نازاں ہیں مَے نہ پینے پر
جیسے کی ہو کوئی بڑی نیکی

رفتہ رفتہ گئے بلندی پر
سیر کی ہم نے زینے زینے کی

دُرجِ دِل ڈھونڈ کر نہال ہوں میں
جیسے دریافت ہو دفینے کی

مہرباں ہیں شعورؔ پر شُرَفا
ورنہ اوقات کیا کمینے کی

❋

کافی نہیں خطوط کسی بات کے لیے
تشریف لایئے گا ملاقات کے لیے

دنیا میں کیا کسی سے کسی کو غرض نہیں
ہر کوئی جی رہا ہے فقط ذات کے لیے

ہم بارگاہِ ناز میں اس بے نیاز کی
پیدا کیے گئے ہیں شکایات کے لیے

ہیں پتھروں کی زد پہ تمہاری گلی میں ہم
کیا آئے تھے یہاں اسی برسات کے لیے

اپنی طرف سے کچھ بھی انہوں نے نہیں کہا
ہم نے جواب صرف سوالات کے لیے

روشن کرو نہ شام سے پہلے چراغِ جام
دِن کے لیے یہ چیز ہے یا رات کے لیے

مہنگائی راہِ راست پہ لے آئی کھینچ کر
بچتی نہیں رقم بری عادات کے لیے

کرنے کے کام کیوں نہیں کرتے شعورؔ تم
کیا زندگی ملی ہے خرافات کے لیے

٭

محبت میں قربت کی بھی ایک حد ہے
بس اب فاصلے کی ضرورت اشد ہے

اسے دیکھنا، شعر پڑھنا ہے گویا
قیامت کا مجموعۂ خال و خد ہے

حقیقت کی تردید ہے غیر ممکن
قلندر نے جو کہہ دیا، مستند ہے

بتاتا ہے فرقت میں جینا ہمارا
کہ حاصل ہمیں کوئی غیبی مدد ہے

خدا کر رہا ہے کفالت ہماری
لہٰذا طلب سے زیادہ رسد ہے

کریں گفتگو کس سے دِل کے سوا ہم
یہی ایک تو مخلص و معتمد ہے

فرشتہ کہو آدمی کو نہ شیطان
کہ سر تا قدم نیک ہے یہ نہ بد ہے

وہ خود ہم سے تکرار کرتے ہیں ورنہ
ہمیں شیخ صاحب سے کیا کوئی کد ہے

کریں ناصحِ محترم رحم دِل پر
یہ بیچارہ محرومِ عقل و خرد ہے

شعورؔ آپ کی طرح پیتا ہے جو بھی
وہ محفل کے آداب سے نابلد ہے

گو مجھے احساس تنہائی رہا شدت کے ساتھ
کاٹ دی آدھی صدی ایک اجنبی عورت کے ساتھ

مطمئن رہتا ہوں میں غم یا خوشی سے بے خبر
وقت پورا ہو رہا ہے رنج یا راحت کے ساتھ

ایک نامانوس ہستی کو بنا کر ہمسفر
میں نے دوری کا مزہ بھی چکھ لیا قربت کے ساتھ

بے دلی نے کچھ نہیں کرنے دیا سنسار میں
میں جیا اس کارخانے میں بڑی فرصت کے ساتھ

گو جہاں جاتا ہوں ذوق و شوق سے جاتا ہوں میں
کیا اکیلے آدمی کا جی لگے خلقت کے ساتھ

ایک ناخوش ہو تو گھر میں دوسرا کیا خوش رہے
اس کی حالت بھی نہیں اچھی مری حالت کے ساتھ

ورغلانے کیسے کیسے نازنین آئے مگر
ہر بلا کا سامنا میں نے کیا ہمت کے ساتھ

کوئی فرمائش نہیں کی میں نے خوباں سے کبھی
آدمی کو زندہ رہنا چاہیے عزت کے ساتھ

محفلِ دنیا میں یہ درویش کیا جاتا بھلا
گو وہاں سے آئی تھی تاکید بھی دعوت کے ساتھ

خیر و شر کا فیصلہ اس امر پر موقوف ہے
تھا کسی کا کون سا اقدام کس نیت کے ساتھ

صرف مزدوری نہیں ہوتی محبت اے شعورؔ
کچھ ذہانت بھی طلب کرتی ہے یہ محنت کے ساتھ

✻

ہوگی تری دید واقعی کیا
آئے گی یہ عید واقعی کیا

کیوں دِل نہیں ناامید اب بھی
ہے کوئی امید واقعی کیا

ہم غم میں سرور و کیف، مَے سے
کرتے ہیں کشید واقعی کیا

اف پیرِ مغاں کی بے نیازی
اٹھ جائیں مرید واقعی کیا

گزرے ہوئے وقت کی کسی کو
ملتی ہے رسید واقعی کیا

سقراط کے حق میں زہرِ قاتل
تھا غیر مفید واقعی کیا

آنے پہ وہ ہو گئے ہیں تیار
سچ ہے یہ شنید واقعی کیا

بیٹھے ہو شعورؔ کس لیے اب
پینی ہے مزید واقعی کیا

❁

رکھیں ہم کس طرح قابو میں اعصاب
کوئی پانی نہیں ہے بادۂ ناب

بہ آسانی نہیں ملتی محبت
بھری دنیا میں یہ نعمت ہے نایاب

اُسے دیکھا تھا ہم نے یا نہ معلوم
کھلی آنکھوں سے دیکھا تھا کوئی خواب

سمندر ہیں وہ آنکھیں اور گویا
ہمیں گھیرے ہوئے ہے کوئی گرداب

ہوا کرتی ہے شب کی انتہا صبح
نہ گھبرا اے دلِ بے صبر و بے تاب

دلیلوں سے ہمیں قائل کرو شیخ!
نہیں ہم بندۂ تسلیم و ایجاب

ہمارے پاس کون آتا ہے پینے
کسے مرغوب سچائی کا تلخ آب

نہ پوچھو قدر دانوں نے دیے ہیں
ہمیں کیا کیا خطابات اور القاب

کبھی رکھتے ہیں پیاسا خُم کے خُم بھی
کبھی دو جام کر دیتے ہیں سیراب

شگفتہ کر دیا دِل آنسوؤں نے
بہا کر لے گیا ہر بوجھ سیلاب

شعورؔ اپنی اداؤں پر کرو غور
ہنسی اُڑنے کے ہوتے ہیں کچھ اسباب

٭

دیوار جانے دیجیے، در جانے دیجیے
دشت و دمن بسایئے گھر جانے دیجیے

ہر پھول دیکھنے کے لیے ہے بہار کا
جس جس پہ جارہی ہے نظر، جانے دیجیے

توفیق جس عمل کی نہیں پارساؤں کو
وہ اس گناہگار کو کر جانے دیجیے

ہوگا یہ راہِ صدق و صفا میں بڑا قدم
سر جا رہا ہے آج تو سرجانے دیجیے

بہتات خیر کی بھی بری، شر کی بھی بُری
اس بات میں ہے خیر کہ شر، جانے دیجیے

پھر منہ ہتھیلیوں میں چھپا لیجیے گا آپ
آنکھوں میں اور دِل میں اتر جانے دیجیے

فرصت قلیل اور کہانی طویل ہے
باتیں تو ہیں ہزار مگر جانے دیجیے

دو چار دِن کی بات نہیں ہے غزل سرائی
مشقِ سخن میں عمر گزر جانے دیجیے

مت روکیے جہاد سے انور شعورؔ کو
مرنا ہی چاہتا ہے تو مر جانے دیجئے

٭

رائگاں جا رہی ہے ہر کوشش
ہم نہیں چھوڑتے مگر کوشش

دل کی آئے گی بعد میں باری
کر رہی ہے ابھی نظر کوشش

غیر ممکن سہی وصالِ دوست
ہے ضروری بساط بھر کوشش

دِل کو سمجھا بجھا کے دیکھ لیا
کہ یہ کوشش ہے بے ثمر کوشش

کی نہ جائے اگر سلیقے سے
ڈال سکتی ہے کیا اثر کوشش

ایک در ہو کُھلا ہُوا تو بھلا
کیوں کرے کوئی دربدر کوشش

آدمی کو زمین سے اکثر
لے گئی آسمان پر کوشش

اُن سے خط کا جواب لینے کی
کر رہا ہوگا نامہ بر کوشش

سوکھ جاتی ہے جب زبان مری
کرنے لگتی ہے چشمِ تر کوشش

سِل گئے نا شعورؔ تیرے ہونٹ
اور سچ بولنے کی کر کوشش

❁

وہ بھی کیا دور زندگی کا تھا
کوئی میرا تھا، میں کسی کا تھا

کیف، ہوش و حواس پر طاری
بیخودی کا نہیں، خودی کا تھا

آنکھ کیا آفتاب پر جمتی
مسئلہ تیز روشنی کا تھا

ایک سنگیں مجسّمہ وہ شخص
دلربائی و دلبری کا تھا

اُن کے آنے پہ آ گئے آنسو
گو یہ موقع بہت خوشی کا تھا

پینے والے کئی تھے، ساقی ایک
انحصار ایک پر کئی کا تھا

دوست ملتے تھے صرف مطلب سے
نام بدنام دوستی کا تھا

اپنا دُکھڑا کسے سناتے ہم
یہی عالم ہر آدمی کا تھا

چاہے جانا ہو، چاہے آنا ہو
راستہ ایک اُس گلی کا تھا

تھا شعورؔ انکسار کا پیکر
یہ نتیجہ خود آگہی کا تھا

٭

پیوستہ دِن ہمارا کیا رات سے نہیں ہے
کس بات کا تعلق کس بات سے نہیں ہے

ارضی مصیبتوں سے دنیا دُکھی ہے جتنی
واللہ آسمانی آفات سے نہیں ہے

خود کو سدھارنے کا عزمِ صمیم ہو تو
کیسے نجات ممکن عادات سے نہیں ہے

سر پر اگر ہمارے مضبوط سائباں ہو
موسم کوئی سہانا برسات سے نہیں ہے

اپنی زیادتی پر ہوگا شعورؔ نادم
اس بات کی توقع بدذات سے نہیں ہے

✼

جوش میں حد سے نہ ہم گزرا کریں
کاش کچھ سوچا کریں سمجھا کریں

تیرگی میں دِل دریچہ کھول کر
اچھی اچھی صورتیں دیکھا کریں

کیا کسی سے پیار کرنا عیب ہے
روکتے ہیں لوگ تو روکا کریں

دوستی میں فائدے کا کیا سوال
آیئے نقصان کا سودا کریں

دِل کی کیا حالت ہوئی مت پوچھیے
آپ نے تو کہہ دیا، ہم کیا کریں

سچ کے دعویدار بنتے ہیں شعورؔ
اُن سے کہنا، جھوٹ کم بولا کریں

✻

ہمارا ذمہ، اگر وہ کھنچا نہ آئے تو
کوئی خیال میں اپنے اسے بلائے تو

ملیں گی ساری دعائیں خدا کے بندوں کی
متاعِ مہر و محبت کوئی لٹائے تو

کسی کو وہ کبھی آنے سے منع کرتے ہیں
نہ روکتے ہیں اگر کوئی اُٹھ کے جائے تو

شراب خانے میں جائز ہے ہاؤہو کرنا
نکالتے نہیں میکش کو، غُل مچائے تو

ہم اپنی ساری شکایات بھول جائیں گے
ہمارے سامنے آ کے وہ مسکرائے تو

ہجومِ خلق میں رہتا کہاں ہے یاد اسے
ہزار بار بھی چہرہ کوئی دکھائے تو

تمام دوست اسے مفت مشورے دیں گے
شعورؔ اپنے مسائل انہیں بتائے تو

٭

دِل ہمارا جلتے جلتے گُھل گیا
اور آخر خاک میں مل جُل گیا

دے گئی امید بھی داغِ فراق
جو اثاثہ پاس تھا وہ کُھل گیا

ڈالتے ہیں ہاتھ اچھی شے پہ لوگ
رہ گیا ٹہنی پہ کانٹا گُل گیا

چاہ رخصت ہو گئی اے دوست آہ
جو ملاتا تھا ہمیں وہ پُل گیا

پھول کے مانند کوئی لالہ فام
پیار کی پہلی نظر میں تُل گیا

گو ہمارے گھر وہ چپ چاپ آئے تھے
اِس گلی سے اُس گلی تک غُل گیا

جب جہاں سے جائے گا انور شعورؔ
شور ہوگا باغ سے بُلبُل گیا

✿

سُکھ سے رہنے کا ہو نہ ہو سامان
ہم چھڑکتے ہیں زندگی پر جان

یاس کے باوجود رہتی ہے
کوئی امید ہر گھڑی ہر آن

پیاری صورت کسے نہیں بھاتی
ہو کسی شخص کا کوئی رجحان

لکھ تو لی ہے کسی طرح لیکن
آپ بیتی کا کیا رکھیں عنوان

متفق ہوں دماغ و دِل کیسے
ایک دانا ہے، دوسرا نادان

جب سے ہم نے کیا ہے عشق شروع
آ رہے ہیں بڑے بڑے بحران

ہے زمیں پر درندگی کا راج
کاش بن جائے آدمی انسان

بیش قیمت سہی نگینۂ دل
آپ کی نذر، آپ پر قربان

یہ تجارت نہیں، محبت ہے
نفع پہنچے شعورؔ یا نقصان

پہلے کہاں دلوں میں تعصب کا زہر تھا
یہ شہر پیار اور محبت کا شہر تھا

امن و اماں کے ساتھ گزرتے تھے صبح و شام
کوئی عذاب تھا نہ یہاں کوئی قہر تھا

شیرینیٔ خلوص کی ایسی کمی نہ تھی
زمزم محبتوں کا رواں نہر نہر تھا

وہ حوصلہ دیا تھا ہمیں اتحاد نے
طوفان بھی ہمارے لیے ایک لہر تھا

میدانِ کارزار ہے کیوں آج اے شعورؔ
یہ عافیت کدہ جو کبھی رشکِ دہر تھا

✲

نہیں ملتے شعورؔ آنسو بہاتے
نظر آتے ہیں ہنستے مسکراتے

وہ گھنٹوں بیٹھتے ہیں دوستوں میں
مگر دیکھا اکیلے آتے جاتے

نکل جاتے ہیں نامعلوم جانب
وہ گرد و پیش سے نظریں بچاتے

جسے کہتے ہیں لوگ اُمّ الخبائث
رہے ان کے اسی سے رشتے ناتے

وہ کیا جنات سے کرتے ہیں باتیں
انہیں پایا گیا ہے بُدبُداتے

اٹھا پائے نہ اپنا بوجھ بھی وہ
بھلا کیا دوسروں کے کام آتے

عیاں تھا بیخودی سے حال ان کا
کوئی کیا پوچھتا، وہ کیا بتاتے

بتا لیتے ہیں موسم ہر طرح کا
عنادِل بوستاں میں روتے گاتے

شعورؔ آپ آئے ہیں ملنے سرِ شام
ہمارے پاس ہوتی تو پلاتے

٭

وہ جفا کار و ستم گار بہت اچھے ہیں
اور ہم ہیں کہ وفادار بہت اچھے ہیں

کارِ دنیا میں الجھنے سے ہمیں کیا ملتا
ہم تری یاد میں بیکار بہت اچھے ہیں

صرف ناکارہ ہیں، آوارہ نہیں ہیں ہر گز
تیری زلفوں کے گرفتار بہت اچھے ہیں

حد سے گزرے گا اندھیرا تو سویرا ہوگا
حال ابتر سہی ، آثار بہت اچھے ہیں

شہر کی طرح نہیں گاؤں میں افراتفری
گو مکانات نہ بازار بہت اچھے ہیں

اپنی بانہوں میں سمیٹے ہوئے رہتے ہیں مجھے
میرے گھر کے در و دیوار بہت اچھے ہیں

مل رہی ہے وہ بلا تیرے بلانوشوں کو
ہیں بہت سرخوش و سرشار، بہت اچھے ہیں

ہم اس اعزاز کے قابل تو نہیں ہیں لیکن
لوگ کرتے ہیں بہت پیار، بہت اچھے ہیں

دِن برے بھی ہوں اگر بزمِ بتاں میں اے دل
بہت اچھے ہیں مرے یار! بہت اچھے ہیں

مست نظروں سے تواضع تو کریں آپ کبھی
ہم بہکتے نہیں، میخوار بہت اچھے ہیں

جو سخن فہم نہیں، جھوم رہے ہیں وہ بھی
اے شعورؔ آپ کے اشعار بہت اچھے ہیں

✵

رہے ہم اُن آنکھوں کے مستانے برسوں
پلایا کیے مے وہ پیمانے برسوں

رہی آمد و رفت برسوں خدایا
نہ ہوں گے فراموش بت خانے برسوں

فدا تجھ پہ ہوتے ہیں اے شمع فوراً
لگاتے نہیں تیرے پروانے برسوں

جدائی میں ہوتا ہے پل پل قیامت
جیے کس طرح ہم خدا جانے برسوں

کیے جائیں تعمیر خونِ جگر سے
تو موجود رہتے ہیں کاشانے برسوں

نہیں قیس کی جانشینی کا دعوا
مگر ہم نے چھانے ہیں ویرانے برسوں

کُھلی دوستی آزمائش میں اُن کی
جن احباب کو ہم نہ پہچانے برسوں

نہیں رہ سکے باز ہم خودکشی سے
بہی خواہ تو آئے سمجھانے برسوں

تمہیں دیکھ کر سب نظر آئے اپنے
لگے لوگ بیگانے بیگانے برسوں

شعورؔ آج شب جو سنائے ہیں تم نے
زباں زد رہیں گے یہ افسانے برسوں

٭

ماہ و انجم کہاں نکلتے ہیں
ہجر میں دِل کے داغ جلتے ہیں

رات جاتی نہ صبح آتی ہے
ہم بہت کروٹیں بدلتے ہیں

ہائے تیرا خیال، تیری یاد
سر سے کیا کیا وبال ٹلتے ہیں

سب مسافر ہیں ایک منزل کے
آیئے ساتھ ساتھ چلتے ہیں

چولھے جلتے نہیں گھروں میں اور
کارخانے دھواں اگلتے ہیں

فاقہ کش والدین کے بچے
وارثوں کے بغیر پلتے ہیں

توبہ کر بیٹھتے ہیں پی کر ہم
بعد میں اپنے ہاتھ ملتے ہیں

آگ بجھتی نہیں اگر دِل کی
چشمے آنکھوں سے کیوں ابلتے ہیں

کتنے باہوش آدمی ہیں شعورؔ
پہلے گرتے ہیں پھر سنبھلتے ہیں

٭

جانے یہ کس قماش کی ہے، کس قبیل کی
دنیا سے دوستی نہیں ممکن اصیل کی

دیتے ہیں لوگ جان ہزاروں طرح مگر
کیا بات ہے تمہاری نظر کے قتیل کی

فرعونیوں کی راہ کریں کیسے اختیار
ازبر ہے داستاں ہمیں دریائے نیل کی

چاہے کسی طرف ہمیں لے جائے اپنے ساتھ
ہم پیروی کریں گے ہمیشہ دلیل کی

کھولا کرو زبان ذرا دیکھ بھال کر
حاصل ہے حیثیت اسے دِل کے وکیل کی

ہم صاحبانِ دِل کو بناتے ہیں میزبان
کرتے نہیں قبول تواضع بخیل کی

تھیں ارتقا پزیر ہماری ضرورتیں
حالت رہی خراب ہمارے کفیل کی

اس نے بٹھا دیا ہے ہمیں غیر کے قریب
پہچان مٹ گئی ہے شریف و رذیل کی

ہم پڑھ رہے ہیں فاتحہ انور شعورؔ پر
توفیق دے خدا ہمیں صبرِ جمیل کی

٭

ادیبوں شاعروں سے یاریوں میں
رہے مصروف ہم بیکاریوں میں

سہانے خواب دیتے تھے دکھائی
ہمیں شام و سحر بیداریوں میں

ہُوا کرتی تھیں گرما گرم بحثیں
جرائد کے، کتب کے قاریوں میں

نشہ رہتا تھا کوئی بے پیئے بھی
بسر ہوتے تھے دِن سرشاریوں میں

کِھلا کرتے تھے کیا کیا بیل بوٹے
دلوں کی کیاریوں پھلواریوں میں

بڑا لطف آرہا ہے زندگی کا
ہمیں دِن رات کی بیزاریوں میں

نہ پڑھنے سے بہلتی ہے طبعیت
نہ جی لگتا ہے خوش گفتاریوں میں

گئے تو ہم بھی تھے لیکن انہوں نے
نہیں رکھا ہمیں درباریوں میں

بھلا پینے سے بجھتی ہے کہیں پیاس
ہوئے بس خوار ہم مے خواریوں میں

دوائیں بے اثر ہوتی ہیں ثابت
محبت ہے بری بیماریوں میں

شعورؔ اپنی صفائی مت کرو پیش
رہو مشغول بدکرداریوں میں

✽

جناب کے رخِ روشن کی دید ہوجاتی
تو ہم سیاہ نصیبوں کی عید ہوجاتی

کہاں کھلا وہ دریچہ مگر نہیں دیکھا
کہ چشمِ شوق کبھی ناامید ہوجاتی

ہمارے ساتھ ابھی اور بیٹھتے احباب
اگر شراب مہیا مزید ہوجاتی

مشاہدے کے لیے فاصلہ ضروری ہے
قریب آ کے وہ صورت بعید ہوجاتی

اگر شعورؔ کو میں رازِ دِل بتا دیتا
تمام خلقِ خدا مستفید ہو جاتی

٭

اس بزم میں کیا کوئی سنے رائے ہماری
یہ بات یہ اوقات کہاں ہائے ہماری

ہم چاہتے کیا ہیں ، نہیں معلوم کسی کو
کس طرح طبیعت کوئی بہلائے ہماری

گزری ہے جوانی بڑی بے راہروی میں
اے کاش ضعیفی بھی گزر جائے ہماری

اس شہر میں رہنا ہے بیابان میں رہنا
صورت نہیں پہچانتے ہمسائے ہماری

یہ گھر، یہ گلی ذہن میں کر لیجیے محفوظ
ممکن ہے، کبھی آپ کو یاد آئے ہماری

✿

نہیں جواب خدا کی قسم ہمارا بھی
کہ ناگوارا بھی ہے زندگی گوارا بھی

نشست غیر مناسب ملی تو ہم اٹھ آئے
اگرچہ منتظموں نے ہمیں پکارا بھی

خواص اُن کی کمائی پہ عیش کرتے ہیں
عوام کے لیے دشوار ہے گزارا بھی

ادھار لینے سے بہتر ہے بھیک لے لینا
یہ بوجھ ہم نے اٹھایا بھی ہے، اتارا بھی

نشے میں حد سے تجاوز نہیں کیا ہم نے
اگر کبھی کسی بدخواہ نے ابھارا بھی

خدا کی ذات پہ تکیہ کیے رہو ورنہ
شعورؔ تم سے نہ چھن جائے یہ سہارا بھی

✿

اس چاند کو آنگن میں اُتروا نہیں سکتے
ہم دیکھ تو سکتے ہیں اسے پا نہیں سکتے

آسان ہدف کیوں ہمیں مائل نہیں کرتا
یہ عقدۂ دشوار ہے، سلجھا نہیں سکتے

ہم اور کسی شمع کے پروانے ہیں اے شب
تیرے مہ و انجم ہمیں بہلا نہیں سکتے

آنکھوں سے گزر کر وہ چلے آئے ہیں دِل میں
اب اس سے زیادہ تو قریب آ نہیں سکتے

✽

ہم بڑی ابتلا میں ہیں مشغول
اور صبر و رضا میں ہیں مشغول

ہر صنم کو بھلا دیا ہم نے
صرف یادِ خدا میں ہیں مشغول

سر پھرے امن و آشتی کے لیے
کس کشیدہ فضا میں ہیں مشغول

منہمک سبزہ زار میں ہم تم
دو پرندے ہوا میں ہیں مشغول

بے ثمر ہی سہی خلوص و وفا
ہم خلوص و وفا میں ہیں مشغول

ہو رہی ہیں محبتیں سرزد
ہم خطا در خطا میں ہیں مشغول

حصہ ملتا ہے چھیننے سے شعورؔ
اور ہم التجا میں ہیں مشغول

غم کے مزے، خوشی کے مزے کیا اٹھائے کوئی
دو دِن میں زندگی کے مزے کیا اٹھائے کوئی

گھڑیاں ہزار چاہئیں شام و سحر ہمیں
دو چار چھ گھڑی کے مزے کیا اٹھائے کوئی

یہ یار کی گلی ہے کہ اغیار کی گلی
اغیار کی گلی کے مزے کیا اٹھائے کوئی

یک گونہ بیخودی کا ہمیں ہوش ہی کہاں
یک گونہ بیخودی کے مزے کیا اٹھائے کوئی

کچھ اشتہائیں اور بھی رکھتا ہے ذی حیات
جو مل گیا اسی کے مزے کیا اٹھائے کوئی

ہم جی رہے ہیں ہجر میں کس بیکسی کے ساتھ
اس بیکسی میں جی کے مزے کیا اٹھائے کوئی

ہم اپنی کاہلی سے نہیں مطمئن شعورؔ
ایسے میں کاہلی کے مزے کیا اٹھائے کوئی

٭

مہینوں میں سہی، دونوں کم از کم دیکھ لیتے ہیں
ہمیں وہ دیکھ لیتے ہیں، انھیں ہم دیکھ لیتے ہیں

جنھوں نے گیسوئے جاناں کے پیچ و خم سنوارے ہوں
وہ زلفِ زیست کا ہر پیچ، ہر خم دیکھ لیتے ہیں

کھلی آنکھوں سے ہم دیکھیں نہ دیکھیں، بند آنکھوں سے
جو عالم دیکھنا چاہیں وہ عالم دیکھ لیتے ہیں

ہم ایسے ناتواں بندے بھی اس عمرِ دوروزہ میں
بڑے دکھ جھیل لیتے ہیں، بڑے غم دیکھ لیتے ہیں

کریں کیا صبر کی تلقین یارب سوگواروں کو
ہم ان کے بین سن لیتے ہیں، ماتم دیکھ لیتے ہیں

اب اپنا ساغرِ بادہ ہے یارو! ساغرِ سادہ
تو آؤ آزما کر ساغرِ سم دیکھ لیتے ہیں

شعورؔ اس جھوٹ کے بازار میں کیا مول ہے سچ کا
ہم اونچا کرکے سچائی کا پرچم دیکھ لیتے ہیں

آسانیوں کی راہ کھلی مشکلوں کے بعد
گھر لوٹنا نصیب ہوا گردشوں کے بعد

ایسے ہی ناامید نہیں ہو گئے ہیں ہم
آیا ہے یہ مقام بہت کوششوں کے بعد

جاتے نہیں ہم اب حرم و دیر کی طرف
اس راستے پہ آئے ہیں گمراہیوں کے بعد

فوراً قبولیت کا شرف بخشتے نہیں
وہ بات مانتے ہیں بڑی منتوں کے بعد

سرگوشیاں سنائی نہ دیں کیوں بھلا ہمیں
سُونا ہوا ہے دِل کا مکاں رونقوں کے بعد

رہتا ہے عمر بھر وہ تمہاری طرح شعورؔ
جو آدمی سنبھل نہ سکے ٹھوکروں کے بعد

سیاحت ہے جاری و ساری ہماری
چلی جا رہی ہے سواری ہماری

ہمیں بھی بڑی بیکلی ہے مگر ہم
اٹھیں گے جب آئے گی باری ہماری

کٹی عمر مشقِ محبت میں لیکن
نہیں جاسکی خام کاری ہماری

بھلا ناصحِ محترم کیا کریں گے
اگر چُھٹ گئی بادہ خواری ہماری

وہ بت جانتا ہے خدا جانتا ہے
وفا اور ایمانداری ہماری

شراب اور کوئی کتاب آ گئی تو
گزر جائے کی رات ساری ہماری

کہاں بیٹھ پائیں گے وہ بھی سکوں سے
اگر دیکھ لیں بے قراری ہماری

شعورؔ آج سے اپنی اپنی پئیں گے
تمہاری تمہاری، ہماری ہماری

❁

یادوں کے باغ سے وہ ہرا پن نہیں گیا
ساون کے دِن چلے گئے، ساون نہیں گیا

ٹھیرا تھا اتفاق سے وہ دِل میں ایک بار
پھر چھوڑ کر کبھی یہ نشیمن نہیں گیا

ہر گل میں دیکھتا رخِ لیلیٰ وہ آنکھ سے
افسوس قیس دشت سے گلشن نہیں گیا

رکھا نہیں مصورِ فطرت نے مؤقلم
شہپارہ بن رہا ہے ابھی بن نہیں گیا

میں نے خوشی سے کی ہے یہ تنہائی اختیار
مجھ پر لگا کے وہ کوئی قدغن نہیں گیا

تھا وعدہ شام کا مگر آئے وہ رات کو
میں بھی کواڑ کھولنے فوراً نہیں گیا

دُشمن کو میں نے پیار سے راضی کیا شعورؔ
اُس کے مقابلے کے لیے تن نہیں گیا

دوسرے کو کبھی ہمراز نہ اپنا کرنا
اور کرلو تو نتیجے کی نہ پروا کرنا

پوری ہوجائے تو ہوجائے، نہیں تو نہ سہی
آدمی کے لیے کافی ہے تمنا کرنا

حل کیا ہے دلِ ناکام نے کیا کیا کرکے
یہ معمّا کہ نہیں چاہیے کیا کیا کرنا

کرنی پڑتی ہے ہر الزام کی تردید ہمیں
جب کہ اچھا نہیں لگتا ہمیں ایسا کرنا

ہم نے کیا شوق سے یہ بوجھ اٹھا رکھا ہے
قرض خواہوں کو تو آتا ہے تقاضا کرنا

پیار کرتے ہیں سلیقے سے نہ غصہ یعنی
پیار کرنا انہیں آتا ہے نہ غصہ کرنا

کیا ضروری ہے کہ وہ بھی ہو رضا مند شعورؔ
عشق کرنا نہیں ہوتا کوئی سودا کرنا

٭

ہم آج تک اگرچہ اسے پا نہیں سکے
تاحال اس خیال سے باز آ نہیں سکے

پرہیز خود علاج ہے ، یہ سامنے کی بات
ہم اپنے آپ کو کبھی سمجھا نہیں سکے

کی اس نگاہِ مست نے وہ پیشکش کہ ہم
توبہ کے باوجود بھی ٹھکرا نہیں سکے

دورانِ راہ کوئی فرشتہ صفت بزرگ
آئے ضرور تھے، ہمیں بہکا نہیں سکے

زاغ و زغن بھی بلبلِ بے تاب کی طرح
گانا تو چاہتے تھے مگر گا نہیں سکے

اصرار سے بلائے گئے تھے جہاں وہاں
ہم اپنی کاہلی کے سبب جا نہیں سکے

دونوں نے بے وفائی نہیں کی تمام عمر
گو ایک دوسرے کو ہم اپنا نہیں سکے

مژدہ کہ اس نشست میں انور شعورؔ بھی
تشریف لا رہے تھے مگر لا نہیں سکے

٭

جناب کیوں نہ ہوں غافل شعورؔ سے اپنے
گل اعتنا نہیں کرتے طیور سے اپنے

اگرچہ گرم ہے ہنگامۂ جہاں دِن رات
فقیر کو نہیں فرصت حضور سے اپنے

کہاں مجال کہ نزدیک آسکے دنیا
وہ سبز باغ دکھاتی ہے دور سے اپنے

ہمیں ہوئی ہیں بڑی کامیابیاں حاصل
تصورات کے فن پر عبور سے اپنے

رہا قیام بہشتِ خیال میں جب تک
تعلقات رہے ایک حور سے اپنے

دماغ کو نگرانی میں دے دیا دِل کی
مگر وہ باز نہ آیا فتور سے اپنے

کسی شراب نے ہم پر اثر نہیں ڈالا
ہمارا ہوش اڑا ہے سرور سے اپنے

بھگت رہے ہیں سزائے حیات کیوں آخر
شعورؔ ہم نہیں واقف قصور سے اپنے

دِن کے دوران رات کے دوران
خوب گزری حیات کے دوران

زندہ رہنا پڑا کسی صورت
دِل شکن حادثات کے دوران

ہمیں اپنی خبر نہیں ہوتی
آپ کے التفات کے دوران

دِل چھنا کس طرح نہیں معلوم
کیا ہوا واردات کے دوران

نام ہم نے سنے گناہوں کے
درسِ اخلاقیات کے دوران

تم میں شائستگی نہیں ہے شعورؔ
ٹوک دیتے ہو بات کے دوران

✵

کہیں لگتا نہیں دِل شہر بھر میں
لہٰذا ہم پڑے رہتے ہیں گھر میں

ہمارا وقت بیتا جا رہا ہے
فقط معمول کے شام و سحر میں

خیالوں پر نہیں قابو ہمارا
قیامت سی مچی رہتی ہے سر میں

کسی لمحے نہیں ہوتے ہم آزاد
ہمیں رکھتے ہیں وہ اپنی نظر میں

کہاں ملتی ہے منزل ہر کسی کو
گزر جاتی ہیں عمریں رہگزر میں

دکھائے ہیں کمالات آدمی نے
ادب میں، علم میں، فن میں، ہنر میں

محبت سے بڑی خوبی نہیں کوئی
ہزاروں خوبیاں ہوں گی بشر میں

اگر ہم اتفاقاً بچ نہ جاتے
ہمارا نام بھی ہوتا خبر میں

یہ بستی ہے کہ جنگل یا الٰہی
بسر ہوتے ہیں دِن خوف و خطر میں

سنبھل کر بول اے حیوانِ ناطق
زباں کا تیر لگتا ہے جگر میں

ہمیں اپنا وطن پیارا ہے کتنا
شعورؔ اندازہ ہوتا ہے سفر میں

✿

کیا دھرا ہے جہاں میں غم کے سوا
ایک اندوہ، ایک الم کے سوا

زندگی نے ہمیں دیا کیا ہے
سختیوں کے سوا، ستم کے سوا

قافلہ جائے تو کہاں جائے
راستہ ہی نہیں عدم کے سوا

کھول سکتی ہے عقل ہر گتھی
تیری زلفوں کے پیچ و خم کے سوا

کچھ نہیں مانگتا میں دنیا میں
اے خدا تجھ سے اس صنم کے سوا

ہم کسی اور سے نہیں ڈرتے
اپنے احبابِ محترم کے سوا

اے شعورؔ آدمی کے دِل کے داغ
کون دھوتا ہے چشمِ نم کے سوا

✿

ہم وہاں دیکھنے پہنچیں گے جہاں آیئے گا
آپ کب آیئے گا اور کہاں آیئے گا

سالہا سال سے بیٹھا ہے کوئی چشم براہ
کیا گزر جائے گی جب عمر رواں، آیئے گا

غم بہت ہے تو چلے جایئے بادہ خانے
نغمہ خواں آیئے گا، زمزمہ خواں آیئے گا

مال و دولت سے محبت نہیں جیتی جاتی
لے کے میدان میں نذرانۂ جاں آیئے گا

آج تنقید کی محفل ہے ہمارے فن پر
آپ بھی خسروِ شیریں دہناں آیئے گا

ایک بار آپ اگر آگئے میخانے شعورؔ
راستہ بھول کے سو بار یہاں آیئے گا

٭

کیا کریں، ہم جھوٹ کے عادی نہیں
اور سچ کہنے کی آزادی نہیں

ہائے کیسی خوشنما وادی ہے دل
کوئی ایسی خوشنما وادی نہیں

گل کھلاتا ہے زمانہ صبح و شام
زندگی رنگین ہے، سادی نہیں

جی رہے ہیں لوگ صبر و شکر سے
کیا چمن میں کوئی فریادی نہیں

اس تعلق میں کہاں ممکن طلاق
یہ محبت ہے، کوئی شادی نہیں

ہم نے کی تدبیر جس شے کے لیے
وہ ہمیں تقدیر نے کیا دی نہیں

مَے کشی رسوا بھی کرتی ہے شعورؔ
یہ فقط صحت کی بربادی نہیں

٭

لاکھ محروم ہوں خوشی سے ہم
پیار کرتے ہیں زندگی سے ہم

''موت کا ایک دِن معیّن ہے''
کیوں پریشان ہوں ابھی سے ہم

جینے دیتا نہ مرنے دیتا ہے
تنگ آئے ہوئے ہیں جی سے ہم

دوستوں کی کمی نہیں لیکن
کوئی ہم سے خفا، کسی سے ہم

شام سے قبل آ گئے پینے
تیز رفتار ہیں گھڑی سے ہم

ناتوانی کے باوجود شعورؔ
جی رہے ہیں بہادری سے ہم

✿

وہ بت اچھا بھلا انسان سا ہے
مگر لگتا ہمیں بھگوان سا ہے

کیا تھا عشق ہم نے بھی کسی سے
ہمیں اس واقعے کا دھیان سا ہے

ہمارا شہرِ دِل کیا ہے، نہ پوچھو
خیالستان و خوابستان سا ہے

ہماری ابتلا سب جانتے ہیں
مگر ہر آشنا انجان سا ہے

جو رونق تھی وہی رونق ہے لیکن
تمہارے بعد گھر ویران سا ہے

درِ توبہ نہیں ہوتا کبھی بند
لہٰذا ایک اطمینان سا ہے

شعورؔ احکام پر عامل نہیں کیا
مگر بندہ وہ نافرمان سا ہے

❁

لاکھ بے اعتنائی کی محسوس
آپ سے ہم نہیں ہوئے مایوس

کیا بتائیں کہ آئینے میں ہمیں
کیسی لگتی ہے صورت معکوس

دردِ دل کی دوا نہیں دیتا
کوئی لقمان، کوئی جالینوس

کچھ تو شیشے سے رنگِ مے جھلکے
اے کفایت شعار ! اے کنجوس

کوششیں رائگاں نہیں جاتیں
رفتہ رفتہ وہ ہو گئے مانوس

کوئی بولا نہیں شعورؔ سے آج
آخر اٹھ کر چلا گیا منحوس

✲

ہنسایا گیا ہے، رلایا گیا ہے
ہمیں ہر طرح آزمایا گیا ہے

سماعت کیا جاسکا ہے کسی سے
نہ ہم سے غمِ دِل سنایا گیا ہے

بھلا اور کیا عزت افزائی ہوگی
بھری انجمن سے اٹھایا گیا ہے

کہاں شیخ جی بادہ خانے سے واقف
وہی جانتا ہے جو آیا گیا ہے

بچانا بکھرنے سے یہ آشیانہ
بہت مشکلوں سے بسایا گیا ہے

شعورؔ ایسے تشریف لائے ہیں گویا
انہیں منتوں سے بلایا گیا ہے

٭

یہاں کی خاک میں بیگانہ پن زیادہ ہے
یہ شہر، شہر زیادہ کہ بن زیادہ ہے

کھلی زمین، کھلا آسمان ہے پھر بھی
ہوا زیادہ نہیں ہے، گھٹن زیادہ ہے

ہماری مانگ زیادہ کہاں سرِ بازار
معاصروں کے دلوں میں جلن زیادہ ہے

شریکِ حال سمجھتے ہیں ہم تمھیں اپنا
ہماری ذات میں ایک انجمن زیادہ ہے

بھٹک بھٹک کے جوانی عبور کی ہم نے
سفر طویل نہیں تھا، تھکن زیادہ ہے

نہ اب زیادہ ہے شغلِ شراب و شغلِ شباب
نہ سیرِ سبزہ وسرو و سمن زیادہ ہے

مری صدا میں صداقت ضرور ہے کچھ کچھ
اگرچہ فکر زیادہ نہ فن زیادہ ہے

شعورؔ ! ہم بھی محبِ وطن ہیں، کیا ہم سے
عزیز آپ کو اپنا وطن زیادہ ہے

✿

بازار تھے نہ کوئی خیابان تھا کبھی
یہ شہرِ زرنگار بیابان تھا کبھی

پہنچا رہا ہے آج زبردست فائدہ
جس کاروبار میں ہمیں نقصان تھا کبھی

توبہ کے بعد پھینک دیے ساغر و سبو
یادش بخیر، گھر میں یہ سامان تھا کبھی

اب صرف یادِ یار میں رہنے لگا ہے دل
کس کس معاملے میں پریشان تھا کبھی

ہم نے غریب خانہ اسے پیش کر دیا
ہے اب وہ میزبان جو مہمان تھا کبھی

ویسا حیات نامہ نہیں ہوسکا رقم
جیسا ہمارے ذہن میں عنوان تھا کبھی

منہ کھولنے لگا ہے شعورؔ احتیاط سے
نادان اب کہاں ہے وہ نادان تھا کبھی

✿

نظر میں اب کوئی منزل نہیں ہے
فقط ماضی ہے، مستقبل نہیں ہے

ہمیں ہے تجربہ گھر چھوڑنے کا
سو دنیا چھوڑنا مشکل نہیں ہے

جسے مرنا نہیں آتا کسی پر
اسے جینے کا حق حاصل نہیں ہے

بھلا انسان کے سینے میں ہے کیا
اگر دِل اور دردِ دِل نہیں ہے

ہمارا نام اپنے دوستوں کی
کسی فہرست میں شامل نہیں ہے

ہم اپنے آپ سے کرتے ہیں باتیں
یہ محفل کیا کوئی محفل نہیں ہے

رہے خاموش ناانصافیوں پر
شعورؔ اس بات کا قائل نہیں ہے

٭

اسے آنکھوں کا نور کہتے ہیں
اور دِل کا سرور کہتے ہیں

اس کے مسکن کو جنّت الفردوس
اور اسے ایک حور کہتے ہیں

جو نہیں چاہتا کوئی سننا
ہم وہ باتیں ضرور کہتے ہیں

سب لگاتے ہیں عشق پر الزام
حسن کو بے قصور کہتے ہیں

ایک دِن خاک میں پہنچتا ہے
ہر سرِ پُرغرور، کہتے ہیں

یاد رہتا ہے سننے والے کو
آپ جو کچھ حضور کہتے ہیں

اپنے انور شعورؔ کو اکثر
ہم سخنور شعورؔ کہتے ہیں

✺

یہیں کٹتا ہے وقت اکثر ہمارا
یہی گھر ہے، یہی دفتر ہمارا

نہ جانے کون سی مصروفیت میں
گزر جاتا ہے دِن دِن بھر ہمارا

ہم اپنے آپ تک رہتے ہیں محدود
نکلنا بند ہے باہر ہمارا

ہمیں ان سے نہیں تھی یہ توقع
ہنسیں گے وہ گلہ سن کر ہمارا

ہم اس کمبخت سے تنگ آ گئے ہیں
ہمارا دِل ہے دردِ سر ہمارا

رکھیں ہم سوچنے سے باز خود کو
نہیں کچھ اختیار اس پر ہمارا

شعورؔ اک ایک پیاسا تاک میں ہے
نہ کوئی چھین لے ساغر ہمارا

٭

ہم اکیلے ہیں اپنے پیاروں میں
جن کی تعداد ہے ہزاروں میں

دِن گزرتا ہے ناصحوں کے ساتھ
رات کٹتی ہے بادہ خواروں میں

ہیں ہماری کہانیاں مشہور
شہر کے بے شمار باروں میں

دِل تمہارے بغیر لگتا ہے
ساحلوں پر نہ سبزہ زاروں میں

ہے تمہارا مجسمہ یکتا
قابلِ دید شاہکاروں میں

غیر کو بھی تمہاری نسبت سے
ہم سمجھتے ہیں رشتے داروں میں

ہم نے پھولوں سے دوستی کر کے
دامن الجھا لیا ہے خاروں میں

جن کے باعث مَرے تھے آپ شعورؔ
وہ بھی بیٹھے ہیں سوگوارں میں

✿

کوئی اس بات کا مفہوم بھی ہے؟
کہ وہ موجود بھی ، معدوم بھی ہے

ابھی معلوم کرنا ہے بہت کچھ
بہت کچھ گو ہمیں معلوم بھی ہے

کبھی سکھ ہے، کبھی دکھ زندگی میں
سو دِل مسرور بھی، مغموم بھی ہے

کسی مطلب، کسی لالچ سے ہو تو
محبت کا عمل مذموم بھی ہے

یہاں افراط ہے جن نعمتوں کی
انہی سے آدمی محروم بھی ہے

بشر شیطان کے مانند عیار
فرشتے کی طرح معصوم بھی ہے

شعورؔ اقبال مندی کے علاوہ
مری بدقسمتی کی دھوم بھی ہے

٭

ملنے کو تو کیا کیا مہ و انجم نہیں ملتے
ہم جاگتے رہتے ہیں مگر تم نہیں ملتے

کم گوئی ہمارے لیے مخصوص ہے ان کی
احباب سے کب محوِ تکلم نہیں ملتے

ہوتے ہیں جو دو چاہنے والوں میں عموماً
دو صف شکنوں میں وہ تصادم نہیں ملتے

ہمت سے پہنچتا ہے مسافر سرِ منزل
دورانِ سفر دشت کہ قلزم نہیں ملتے

گو چاہتے ہیں دوست ہمیں ساتھ پلانا
ملتے ہیں فقط جام انہیں خُم نہیں ملتے

تائب تو شعورؔ آج بھی شاید نہ ہوئے ہوں
پہلے کی طرح شام و سحر گم نہیں ملتے

٭

آپ کو دیکھنا سعادت ہے
یہ خدا کی قسم عبادت ہے

ہر دوا ہر علاج سے بڑھ کر
زود اثر آپ کی عیادت ہے

ہم نہیں صرف ایک ارادت مند
کیا محبت فقط ارادت ہے

کارواں ہے رواں دواں اپنا
یہ الگ بات، بے قیادت ہے

مے کشی چھوٹتی نہیں یارب
گو نہایت فضول عادت ہے

آپ سچے ہیں اے شعورؔ مگر
کوئی اس بات کی شہادت ہے؟

✺

ملتی ہے عشق وشق کی فرصت کبھی کبھی
دیتا ہے وقت اب یہ اجازت کبھی کبھی

گو ہم ہر اعتبار سے ہیں مطمئن مگر
کچھ اور چاہتی ہے طبیعت کبھی کبھی

کیا کیفیت ہے آپ سے مل کر ، نہ پوچھیے
ہوتی ہے اس طرح کی مسرت کبھی کبھی

ہم اپنی پارسائی کی توجیہہ کیا کریں
آتی ہے آدمی پہ یہ حالت کبھی کبھی

اب روز میکدے نہیں آتے جنابِ شیخ
ہونے لگی ہے اُن کی زیارت کبھی کبھی

کس نے کہا شعورؔ کہ چھٹتی نہیں شراب
ہم نے تو کی ہے ترک یہ عادت کبھی کبھی

✵

بلا سے، کچھ آئے نہ آئے نظر
ہماری نظر ہے برائے نظر

وہ چہرہ نظر آ رہا ہو ہمیں
تو کیا چاند تاروں پہ جائے نظر

حقائق کے بارے میں رکھتے ہیں لوگ
بہت مختلف نقطہ ہائے نظر

وہ آئے تو گویا شفا ہوگئی
مجرب دوا ہے، دوائے نظر

زباں سے ہمیں کچھ نہ کہنا پڑے
اگر آپ ہوں آشنائے نظر

بچھڑتے ہوئے کچھ نہ بولا گیا
رہے دیر تک ہم ملائے نظر

تمھیں جانتے ہیں جو انور شعورؔ
گزرتے ہیں تم سے بچائے نظر

٭

غم سے حالت خراب ہے ساقی
التماسِ شراب ہے ساقی

کیسے توبہ پہ ہم رہیں قائم
مستقل اضطراب ہے ساقی

کر رہا ہے نصیحتیں ناصح
اور ناکامیاب ہے ساقی

روزِ اوّل سے ایک ہاتھ میں جام
دوسرے میں کتاب ہے ساقی

اب ہم آنے لگے ہیں وقفوں سے
یہ بڑا انقلاب ہے ساقی

جو پلایا گیا ہو آنکھوں سے
وہ نشہ لاجواب ہے ساقی

کیسے بیٹھا ہے میکدے میں شعورؔ
جیسے کوئی نواب ہے ساقی

✻

کیسا کیسا چاہنے والا کل محفل میں تھا
اِس سے بات کروں یا اُس سے، میں مشکل میں تھا

میری جانب مشتاقانہ دیکھ رہے تھے وہ
مت پوچھو میں سرشاری کی کس منزل میں تھا

ابنِ آدم میں مدغم تھے ابلیس و جبریل
باطل حق میں تھا پوشیدہ حق باطل میں تھا

ملکوں ملکوں شہروں شہروں ساتھ رہے دونوں
وہ میرے ہمراہ نہیں تھا لیکن دِل میں تھا

جیتے جی بے حال رہے ہم، حال ہمارا گم
گاہے ماضی میں تھا گاہے مستقبل میں تھا

پھاڑ لیا اپنا ہی گریباں جب مجنوں سے شعورؔ
چاک نہ ہو پایا وہ پردہ جو محمل میں تھا

✵

اس آبادی میں کوئی شور صبح و شام ہوتا ہے
کبھی شہنائی بجتی ہے کبھی کہرام ہوتا ہے

محبت کا جوا کھیلا ہے سب کچھ بیچ کر دِل نے
نہ جانے سرخرو ہوتا ہے یا ناکام ہوتا ہے

توقع کے خلاف اس بے مروت بت کا آجانا
ہمارے حال پر اللہ کا انعام ہوتا ہے

جگہ تاریخ میں مظلوم بھی پاتا ہے، ظالم بھی
کوئی مشہور ہوتا ہے ، کوئی بدنام ہوتا ہے

بہت کچھ سوچنا پڑتا ہے ہر اقدام سے پہلے
نتیجے پر اثر انداز ہر اقدام ہوتا ہے

تمہارے ہونٹ سلنے پر ہمیں افسوس ہے لیکن
شعورؔ آواز اٹھانے کا یہی انجام ہوتا ہے

❁

اب امن و اماں ہے خبر کے مطابق
مگر سچ نہیں یہ نظر کے مطابق

بڑی بیکسی ہے، بڑی بے زبانی
زن و مرد کی چشمِ تر کے مطابق

نہیں فاصلہ خیر وشر میں زیادہ
کسی محرمِ خیر و شر کے مطابق

خدا کی زمیں دیکھنے کی جگہ ہے
جہاں دیدہ اہلِ سفر کے مطابق

کہیں بھی چلے جائیں ہم ساتھ ان کے
گزاریں گے دِن رات گھر کے مطابق

یہ دِن پیار کے پھول کھلنے کے دِن ہیں
ہمارے دِلِ نغمہ گر کے مطابق

مرا خط انہوں نے پڑھا اور تادیر
وہ گم صم رہے نامہ بر کے مطابق

مصور بناتے ہیں تصویر اس کی
شعورؔ اپنے اپنے ہنر کے مطابق

٭

تو مہرباں نہ جب تک اے بے نیاز ہوگا
ہر شب طویل ہوگی ہر دِن دراز ہوگا

شوقِ بتاں سے عاری لگتے ہیں شیخ صاحب
یہ وصف محترم میں ہوگا تو راز ہوگا

کھنچ کھنچ کے ہر طرف سے آنے لگیں گے پیاسے
جیسے ہی میکدے کا دروازہ باز ہوگا

سمجھیں گے لمحہ لمحہ ہم زندگی کا حاصل
پہلو میں جب ہمارے وہ دِل نواز ہوگا

انور شعورؔ ہم پر کیسا ہی وقت آئے
ہونٹوں پہ گیت ہوں گے ہاتھوں میں ساز ہوگا

٭

ہمیں چھوڑ کر وہ چلا جائے گا
تو کیا ہم سے بیٹھا رہا جائے گا

کسی رہبری کی ضرورت نہیں
مسافر پتہ پوچھتا جائے گا

وہ بے فکر یہ جانتا ہے کہ کوئی
یہاں سے گیا بھی تو کیا جائے گا

بھلانے کی کوشش کروں گا اسے
اگر وہ کبھی یاد آجائے گا

محبت کا افسانہ دلچسپ ہے
سنایا گیا تو سنا جائے گا

نہیں روکتے آنے جانے سے وہ
کہاں تک کوئی آئے گا جائے گا

کرے مستقل احتیاطیں شعورؔ
تو دنیا سے اچھا بھلا جائے گا

❋

اس اظہارِ محبت پر ہمیں رسوا نہ کر دینا
نہیں اچھا ذرا سی بات کو افسانہ کردینا

غزالوں کی طبیعت اور فطرت کے مطابق ہے
اسے دیوانہ کر دینا، اُسے دیوانہ کر دینا

تمناؤں سے دِل خالی کراسکتے ہیں ہم لیکن
برا ہوگا کوئی آباد گھر ویرانہ کردینا

ہجومِ غم میں ہم بنتِ عنب کے پاس جاتے ہیں
اسے آتا ہے گردو و پیش سے بیگانہ کردینا

ہمیں دنیا و مافیہا سے غافل دیکھنا چاہو
تو چپکے سے فراہم بادہ و پیمانہ کر دینا

شعورؔ انسان پینا چھوڑ سکتا ہے اگر چاہے
مگر سچ مچ نہ تم یہ جرأت رندانہ کر دینا

✲

ہونے کو تو دنیا میں کہاں کوئی نہیں ہے
ایک آپ نہیں ہیں تو یہاں کوئی نہیں ہے

مانے گا بھلا کون شکایات ہماری
چوٹیں تو بہت سی ہیں، نشاں کوئی نہیں ہے

سب دیکھنے والے ہیں مگر دیکھنے والا
منجملۂ صاحب نظراں کوئی نہیں ہے

ہم آس لگائے ہوئے بیٹھے ہیں جہاں سے
معلوم یہ ہوتا ہے، وہاں کوئی نہیں ہے

ہے منتظمِ کون و مکاں کوئی خدایا
یا منتظمِ کون و مکاں کوئی نہیں ہے

بسمل تو شعورؔ اور بھی اس باغ میں ہوں گے
کرتا ہو جو دِن رات فغاں، کوئی نہیں ہے

✻

لوگ سائے دکھائی دیتے ہیں
پھر بھی ہائے دکھائی دیتے ہیں

بولتے کچھ نہیں مگر مظلوم
تلملائے دکھائی دیتے ہیں

تیرا احسان مند کون نہیں
سب ستائے دکھائی دیتے ہیں

آج کوئی مقیم، کل کوئی
گھر سرائے دکھائی دیتے ہیں

نظر آتے ہیں سب تمھیں اپنے
ہم پرائے دکھائی دیتے ہیں

ان کی آنکھوں میں دو ستارے سے
جگمگائے دکھائی دیتے ہیں

نہیں آتے، کبھی نہیں آتے
اور آئے دکھائی دیتے ہیں

جھینپے جھینپے سے لگ رہے ہیں شعورؔ
بن بلائے دکھائی دیتے ہیں

✿

عمر ہوتی ہے گزرنے کے لیے
اور ہم جیتے ہیں مرنے کے لیے

ہے ہماری چار دِن کی زندگی
کیا فقط برباد کرنے کے لیے

سامنے رکھتے ہیں دِل کا آئینہ
خوش نظر بننے سنورنے کے لیے

اس ہوس کے دور میں انجامِ عشق
سوچنا کافی ہے ڈرنے کے لیے

اُف گرانی ، جیب خالی ہو گئی
پیاس میں دو جام بھرنے کے لیے

کر لیا تم نے ہمالا سر شعورؔ
اب رہو تیار اترنے کے لیے

✲

جب کبھی وہ قریب ہوتے ہیں
کتنے خوش ہم غریب ہوتے ہیں

آج کل کے رفیق، کیا کہنا
اچھے خاصے رقیب ہوتے ہیں

دردِ دِل کا نہیں مسیحا کوئی
ہر مرض کے طبیب ہوتے ہیں

خوش رہیں جو نصیب پر اپنے
وہ بہت خوش نصیب ہوتے ہیں

نامے لکھتے ہیں ہم تمہارے نام
متاثّر ادیب ہوتے ہیں

جن کی چپ عرش تک پہنچتی ہے
بے زباں وہ خطیب ہوتے ہیں

قصۂ عشق کیا سنائے کوئی
یہ وقوعے عجیب ہوتے ہیں

ہر زمانے میں، ہر جگہ مصلوب
حرفِ حق کے نقیب ہوتے ہیں

کیا شعورؔ آپ کی طرح ڈرپوک
سب شریف و نجیب ہوتے ہیں

٭

گو مشقت سے برا حال جوانی میں رہا
دِل شب و روز عجب زمزمہ خوانی میں رہا

وہ نظر جس نے مجھے چھوڑ دیا تھا آزاد
زندگی بھر میں اسی کی نگرانی میں رہا

میں نے پھیلائے نہیں ہاتھ کسی کے آگے
کوئی مشغول مگر فیض رسانی میں رہا

جھوٹ نے سچ کا گلا گھونٹ دیا تھا لیکن
سچ رہا اور اسی عالمِ فانی میں رہا

دیکھے بھالے ہیں کراچی کے علاقے اکثر
میں کئی سال یہاں نقل مکانی میں رہا

کی کہیں ریل کی سیر اور کہیں ناؤ کی سیر
کبھی خشکی میں رہا میں کبھی پانی میں رہا

تم نے اپنے لیے تحریر کیا تھا جو شعورؔ
کیا تمہارا وہی کردار کہانی میں رہا

٭

ایسی نوازشات کہاں تھیں بھلا کبھی
ہم سے نہیں ہوئے تھے وہ اتنے خفا کبھی

اس بت کو دیکھ کر ہمیں اللہ کے سوا
آتا نہیں خیال کسی اور کا کبھی

ہوتا ہے سب کے ساتھ کوئی حسنِ اتفاق
لیکن ہمارے ساتھ نہیں ہوسکا کبھی

توبہ پہ کاربند رہیں گے تمام عمر
ہم سے یہ نیک کام اگر ہو گیا کبھی

کرتی ہے مشتعل تمہیں ہر بات کیوں شعورؔ
ٹھنڈے دِل و دماغ سے تم سوچنا کبھی

٭

ہمیں دے رہے ہیں وہ قربت کا موقع
یہ موقع ہے کتنی مسرت کا موقع

فدا ہو گئے قامتِ دوست پر ہم
نہ چھوڑا گیا یہ قیامت کا موقع

ہمیں دیکھ کر مسکراتے ہیں فوراً
گنواتے نہیں وہ سخاوت کا موقع

انا نے اجازت نہ دی بولنے کی
ملا جب بھی اظہارِ الفت کا موقع

نکلنا ہمیں یاد ہے اس گلی سے
کوئی بھول سکتا ہے ذلت کا موقع

نہیں جاسکے بے دلی کے سبب ہم
کئی بار آیا سیاحت کا موقع

اگر دعوتِ عام کرتے ہیں کوئی
ہمیں بھی وہ دیتے ہیں شرکت کا موقع

شعورؔ آپ سچ بولنے پر مُصر ہیں
خدا آپ کو دے شہادت کا موقع

٭

دِل گوشِ محبت میں زباں کر دیے جائیں
جو شور نہاں ہیں وہ عیاں کر دیے جائیں

سَو دیدہ و دِل دے ہمیں اللہ تو واللہ
سَو دیدہ و دِل نذرِ بتاں کر دیے جائیں

گو عشق نہیں جرم کہ ہم قتل ہوں یا قید
یہ کام ضروری ہوں تو ہاں کر دیے جائیں

عشاق کس آسانی سے ہوجاتے ہیں بدنام
جب کردیے جائیں یہ جہاں کر دیے جائیں

پابند ہیں بیچارے اسیروں سے زیادہ
آزاد قفس کے نگراں کر دیے جائیں

آنکھوں کے نہیں، دِل کے تصرف میں ہیں آنسو
ٹھیرا دیے جائیں کہ رواں کر دیے جائیں

توبہ کی طوالت میں ضروری ہے تعطل
دو جام عطا پیرِ مغاں کر دیے جائیں

جو راز شعورؔ آپ کے سینے میں بھرے ہیں
ان میں سے فقط چند بیاں کر دیے جائیں

✻

ہتھیلیوں کی لکیریں دکھائیے تو سہی
ہم اس زبان سے واقف ہیں ، لائیے تو سہی

مکانِ دِل کوئی خالی مکان تھوڑی ہے
پکاریئے تو سہی، کھٹ کھٹائیے تو سہی

غریب خانہ سلامت ہے ہر بلا کے لیے
ہم انتظار میں بیٹھے ہیں، آیئے تو سہی

بچھڑ ضرور گئے ہیں، مرے نہیں ہوں گے
سراغِ اہلِ محبت لگایئے تو سہی

ہماری آنکھ سے ٹپکا ہے اشک یا گوہر
پڑا ہے خاک پہ یہ کیا، اٹھایئے تو سہی

نگار خانے میں بیٹھے ہیں آپ، گھر میں نہیں
شعورؔ بھائی! ذرا مسکرایئے تو سہی

شیخ صاحب کل ہمیں گمراہ فرماتے رہے
ہم رہے خاموش، عالی جاہ فرماتے رہے

جانے کیوں دِل کو رہا بے اعتنائی کا ملال
گو توجہ آپ خاطر خواہ فرماتے رہے

ہم نے قسمت کی سیاہی کا لکھا پورا کیا
روشنی دِن رات مہر و ماہ فرماتے رہے

اب ہمیں اُن سے گلہ ہو یا خود اپنے سے گلہ
وہ ستم ڈھاتے رہے، ہم آہ فرماتے رہے

ملکِ دِل کی کیفیت سے مختلف حالات میں
مابدولت قوم کو آگاہ فرماتے رہے

کون کہتا ہے کہ دِل رکھنا نہیں آتا اُنہیں
ہم غزل پڑھتے رہے، وہ واہ فرماتے رہے

کچھ کسی نے دے دیا تو لے لیا ورنہ شعورؔ
شاعری ہم فی سبیل اللہ فرماتے رہے

✿

ارادہ ہوتے ہوئے بھی عمل نہیں ہوتا
یہ بیج بیج ہی رہتا ہے، پھل نہیں ہوتا

نصیب ہو نہ حیاتِ دوام انساں کو
تو زندگی کا کوئی ماحصل نہیں ہوتا

دیارِ دِل بھی عجب جائے عافیت ہے جہاں
رکاوٹیں نہیں ہوتیں، خلل نہیں ہوتا

نیا، پرانے کی مسند سنبھال لیتا ہے
اگرچہ کوئی کسی کا بدل نہیں ہوتا

زیادہ دیر کہاں ٹھیرتے ہیں نظارے
جو آج سامنے ہوتا ہے ، کل نہیں ہوتا

تفکرات کا کتنا دباؤ رہتا ہے
مگر دماغ کسی لمحے شل نہیں ہوتا

تمہاری طرح نہیں ہم ذہین پھر بھی شعورؔ
بتاؤ تو وہ معما جو حل نہیں ہوتا

طبیعت ہے گو مضمحل مستقل
کسی دھن میں رہتا ہے دِل مستقل

بھلا صبر آسان ہے ہجر میں؟
دھری ہے کلیجے پہ سِل مستقل

ہمیں اپنی حد، اپنی اوقات نے
رکھا منفعل منفعل مستقل

کسی حال میں بھی ہمیں دیکھ لو
نظر آئیں گے معتدل مستقل

ٹھکانا رہا اس گنہگار کا
خرابات کے متصل مستقل

شعورؔ آپ کے پاس بیٹھا رہا
تو ہوتا رہے گا مخل مستقل

✿

وصالِ دوست ہر صورت میں ہوگا
اگر یہ معجزہ قسمت میں ہوگا

بھلا کس دِن ہمارا دل الٰہی
مصیبت میں نہیں، راحت میں ہوگا

پر آسائش سہی مہمان خانے
نصیب آرام گھر کی چھت میں ہوگا

کئی دِن سے نظر آیا نہیں غیر
خدا معلوم کس حالت میں ہوگا

رفاقت میں نہیں جب مطمئن ہم
گزارا کس طرح فرقت میں ہوگا

اُسے کچھ پارسا گھیرے ہوئے ہیں
شعورؔ اس وقت کس آفت میں ہوگا

✵

دِل میں اُس کا خیال رہتا ہے
ورنہ کوئی ملال رہتا ہے

آدمی کا کمال دنیا میں
مدتوں لازوال رہتا ہے

پڑ گئی ہے فراق کی عادت
پھر بھی شوقِ وصال رہتا ہے

اب تحمل نہیں رہا ہم میں
اس لیے اشتعال رہتا ہے

موت آنے کا وقت اور مقام
زندگی بھر سوال رہتا ہے

ایک دِن کے سفر سے اب ناچیز
ایک ہفتے نڈھال رہتا ہے

جن دنوں پاس تم نہیں رہتے
کیا بتاؤں جو حال رہتا ہے

شہر میں آپ کے سوا بھی شعورؔ
کوئی شیریں مقال رہتا ہے؟

❁

دکھ سے کبھی نجات ہوئی یا نہیں ہوئی
لیکن بسر حیات ہوئی یا نہیں ہوئی

قدرت جو چاہتی ہے وہ ہوتا ضرور ہے
پیدا یہ کائنات ہوئی یا نہیں ہوئی

کرتا ہے اعتراف بھلا کون پیار کا
تردیدِ واقعات ہوئی یا نہیں ہوئی

دو جام شیخ جی کو بھی بھجوادیے گئے
یارب! ادا زکات ہوئی یا نہیں ہوئی

ہم میکدے گئے تھے فقط شام کاٹنے
ضائع تمام رات ہوئی یا نہیں ہوئی

باتیں تو سینکڑوں ہوئی ہوں گی مگر شعورؔ
مطلب کی کوئی بات ہوئی یا نہیں ہوئی

٭

ذہن و دِل پر ہے مستقل طاری
نیم خوابی و نیم بیداری

کیا نشیمن قفس نہیں ہوتا
کیسی آزادی و گرفتاری

"ساقیا! ساقیا! شراب، شراب"
ہے بڑی بے دلی و بیزاری

ایک جاتا ہے، چار آتے ہیں
زندگی موت سے نہیں ہاری

کھینچ لیتی ہے وہ گلی ورنہ
اپنی عزت کسے نہیں پیاری

جارہی ہیں کتب عجائب گھر
مر رہا ہے کتاب کا قاری

گھر پہنچتے ہی قافلے والو
دور ہوجائے گی تھکن ساری

ہر سہولت ملی ہوئی ہے شعورؔ
ذمے داری اگرچہ ہے بھاری

٭

آداب کا خیال مجھے جوش میں رہا
میں ہوش میں نہیں تھا مگر ہوش میں رہا

بہتان کا جواب تبسم سے دے سکے
یہ حوصلہ مرے لبِ خاموش میں رہا

ہوش و حواس میں نے ہمیشہ رکھے بحال
ہر چند میکشانِ بلانوش میں رہا

محفوظ کوئی راہ کے گرد و غبار سے
دستار میں، قبا میں نہ پاپوش میں رہا

آنسو بہائے ہم نے محبت میں اس قدر
قطرہ بھی خون کا نہ تن و توش میں رہا

میں نے سنہرے قول بھلائے نہیں کبھی
اچھا سخن گہر کی طرح گوش میں رہا

بے خوف سرد و گرمِ زمانہ سے دِل شعورؔ
اس خانماں خراب کی آغوش میں رہا

٭

نہیں کہ عالمِ اسباب میں نہیں دیکھا
قرار ہم نے کبھی خواب میں نہیں دیکھا

کنول کا پھول کسی سرورَق پہ دیکھا ہے
کھِلا ہوا کسی تالاب میں نہیں دیکھا

نگاہ ناز میں ہوتا ہے جو اثر، جو کیف
مئے طہور و مئے ناب میں نہیں دیکھا

تمہارے باب میں جو انہماک پایا ہے
وہ داستان کے ہر باب میں نہیں دیکھا

ملا جولطف خلوص اور سادگی میں ہمیں
تکلفات میں، آداب میں نہیں دیکھا

اُنہیں شعورؔ کم آمیز کہنے والوں نے
کبھی اقارب و احباب میں نہیں دیکھا

ہر بار ہاتھ ملتے ہوئے لوٹ جاتے ہیں
کیا ہم اسی لیے درِ دولت پہ آتے ہیں

جینا کوئی مذاق نہیں نارسائی میں
خود کو طرح طرح کی امیدیں دلاتے ہیں

حیران ہو کے دیکھنے لگتا ہے وہ ہمیں
ہم اپنی داستان جسے بھی سناتے ہیں

آتا نہیں خیال ہمارا اُنھیں مگر
ہم روٹھ جاتے ہیں تو وہ آکر مناتے ہیں

منہ کھولنے سے فائدہ کیا اُن کے سامنے
ہر بات کے جواب میں وہ مسکراتے ہیں

کرتا نہیں شعورؔ ہی تعریف آپ کی
اچھا ہو آدمی تو سب اچھا بتاتے ہیں

✻

کوئی ہمدمِ دیدہ ور چاہیے
کہ دِل دیکھنے کو نظر چاہیے

جہاں جان پہچان کے لوگ ہوں
ہمیں اُس محلے میں گھر چاہیے

صنم ہے خدا کی طرح بے نیاز
اُسے پھر کس امید پر چاہیے

نہ جانے وہ کیا شے ہے جس کی ہمیں
ضرورت نہیں ہے مگر چاہیے

جگہ ہر کسی کو تمہارے قریب
ادھر چاہیے یا اُدھر چاہیے

عجب چیز ہوتی ہے تازہ ہوا
جو ذی روح کو عمر بھر چاہیے

غمِ یار ہو یا غمِ روزگار
مسلسل کوئی دردِ سر چاہیے

وہ کترائیں تو کیا برا ماننا
شناساؤں سے درگزر چاہیے

خود اپنے میں پیدا کرو اے شعورؔ
خلوص و محبت اگر چاہیے

✵

فکر کی بات نہیں جیب اگر خالی ہے
ہم نے کیا قرض نہ پینے کی قسم کھالی ہے

گھر ہے جنت میں ہمارا نہ زمیں پر یعنی
عاقبت ہم نے کمائی ہے نہ دنیا لی ہے

تیز ہے آج نشہ آپ کے باعث ورنہ
ہم جو پیتے ہیں عموماً یہ وہی والی ہے

خود بھی جاتے ہیں کہیں حضرتِ ناصح ساقی
سر سے اللہ میاں نے یہ بلا ٹالی ہے

دِل ہے شاداب غمِ عشق میں رونے کے سبب
اس بیابان میں برسات کی ہریالی ہے

آج کا کام نہیں ٹالتے کل پر مے نوش
بوند بھی ہم نے بچائی نہیں، پی ڈالی ہے

ہجر کی رات چراغاں میں بھی گزرے تو شعورؔ
ایسا لگتا ہے کہ یہ رات بہت کالی ہے

❁

محبت کا انجام معلوم تھا
یہ دیوانہ پن میرا مقسوم تھا

رہا تو بہرحال میں سامنے
یہ مانا، توجہ سے محروم تھا

خدا کو بتاؤں گا مرنے کے بعد
کہ میں زندگی میں بھی مرحوم تھا

محبت پہ ہوتا نہیں اختیار
جسے بھی ہوئی تھی، وہ معصوم تھا

نہ انصاف کا کوئی مفہوم ہے
نہ انصاف کا کوئی مفہوم تھا

وہ ہر کام ہم نے کیا شوق سے
جو معیوب تھا اور مذموم تھا

بھری انجمن میں کل انور شعورؔ
بیک وقت موجود و معدوم تھا

٭

کیسے سب کچھ ہم ایک دم سمجھائیں
تم خوشی جان لو تو غم سمجھائیں

دنگ ہیں زلفِ زندگی پر ہم
کیا بھلا اس کے پیچ و خم سمجھائیں

بے قراروں کو بے بسی اپنی
کس طرح بے زباں صنم سمجھائیں

ہم الجھتے نہیں ہیں ناصح سے
تاکہ موصوف کم سے کم سمجھائیں

شیخ سمجھائیں گے کسی کو کیا
خود سمجھ لیں تو محترم سمجھائیں

بِل ادا کر دیا گیا چپ چاپ
مغبچے کیوں ہمیں رقم سمجھائیں

آپ خود ہوشیار بندے ہیں
آپ کو کیا شعورؔ ہم سمجھائیں

✻

امید نہیں کوئی، امکان نہیں کوئی
اس حال میں خوش رہنا آسان نہیں کوئی

محسوس کریں کیا ہم اب شہر کے ہنگامے
یہ روز کا قصہ ہے، بحران نہیں کوئی

محنت کا صلہ ملنا لوگوں کو کھٹکتا ہے
حالانکہ کسی کا بھی نقصان نہیں کوئی

ہمسائے سے ہمسائے آگاہ کہاں لیکن
آباد ہے یہ قریہ ویران نہیں کوئی

موزونیٔ قامت بھی گو ایک قیامت ہے
چہرے کے بغیر اس کی پہچان نہیں کوئی

ظاہر نہ کریں چاہے وہ ردِ عمل اپنا
ہم خوب سمجھتے ہیں نادان نہیں کوئی

عسرت میں شعورؔ آخر کیوں آ گئے مے خانے
سب جیب سے پیتے ہیں مہمان نہیں کوئی

✻

گھروں میں سوتے سوتے لوگ ہر رات اٹھنے لگتے ہیں
تو آبادی میں کیا کیا انقلابات اٹھنے لگتے ہیں

نہیں اٹھتے اگر سوئے ہوئے سلطان تو آخر
جو قابو میں نہیں آتے وہ حالات اٹھنے لگتے ہیں

جواب آنے میں لگ جاتی ہیں اکثر مدتیں لیکن
جواب آتے ہی سر میں پھر سوالات اٹھنے لگتے ہیں

کوئی صدمہ نہیں اٹھتا شروعِ عشق میں تاہم
بتدریج آدمی سے سارے صدمات اٹھنے لگتے ہیں

شعورؔ اپنے لبوں پر تم خوشی سے مہر لگنے دو
دبانے سے تو افکار و خیالات اٹھنے لگتے ہیں

٭

اگر خیریت نیک مطلوب ہے
اسے بھول جاؤ جو محبوب ہے

فقط شکر کرتا رہے آدمی
شکایت محبت میں معیوب ہے

جو مشہور تھا قیس کے نام سے
وہ افسانہ اب ہم سے منسوب ہے

خدا خوش سہی اس گنہگار سے
یہ بندوں کے نزدیک معتوب ہے

وہ مانے ہوئے خوش بیاں ہیں مگر
ہمارے لیے اور اسلوب ہے

سنے گا بھلا عقل کی بات کیا
ابھی دِل محبت سے مغلوب ہے

جو اس دور میں صبر سے رہ سکے
وہ اپنے زمانے کا ایوب ہے

دوا کے بجائے ہمارے لیے
وہی زہر لاؤ جو مرغوب ہے

کہاں وہ، کہاں آپ انور شعورؔ
اُسے آپ کا چاہنا خوب ہے

عشق میں اشک بہائے گئے ہوں گے کیا کیا
موتی مٹی میں ملائے گئے ہوں گے کیا کیا

آپ کے بعد کسی کو نہیں دیکھا ہم نے
لوگ تو سامنے آئے گئے ہوں گے کیا کیا

جب بھی آثار دکھائی دیے ہوں گے دِل کے
سائے پھرتے ہوئے پائے گئے ہوں گے کیا کیا

ہم سے بے وجہ نہیں چاہنے والے ناراض
جانے الزام لگائے گئے ہوں گے کیا کیا

آبلہ پائی سے اندازہ لگا لو میری
راہ میں خار بچھائے گئے ہوں گے کیا کیا

ہم ہوس کار سزاوارِ ستم ہیں تو شعورؔ
ظلم عشاق پہ ڈھائے گئے ہوں گے کیا کیا

✿

اگرچہ آئینۂ دِل میں ہے قیام اُس کا
نہ کوئی شکل ہے اس کی نہ کوئی نام اُس کا

وہی خدا کبھی ملوائے گا ہمیں اُس سے
جو انتظار کراتا ہے صبح و شام اُس کا

ہمارے ساتھ نہیں جاسکا تھا وہ لیکن
رہا خیال سیاحت میں گام گام اُس کا

خدا کو پیار ہے اپنے ہر ایک بندے سے
سفید فام ہے اس کا، سیاہ فام اُس کا

کما کے دیتے ہیں جو مال وہ امیروں کو
حساب کیوں نہیں لیتے کبھی عوام اُس کا

ہمارا فرض ہے بے لاگ رائے کا اظہار
کوئی درست کہے یا غلط ، یہ کام اس کا

کہاں ہے شیخ کو سدھ بدھ مزید پینے کی
نشہ اتار گئے تین چار جام اس کا

زبانِ دِل سے کوئی شاعری سناتا ہے
تو سامعین بھلاتے نہیں کلام اس کا

شعورؔ سب سے الگ بیٹھتا ہے محفل میں
اسی سے آپ سمجھ لیجیے مقام اس کا

٭

سر غریبوں کے خم زیادہ ہیں
اس لیے ان کے غم زیادہ ہیں

جانے وہ زلف ہے بہت پُر پیچ
یا گرفتار ہم زیادہ ہیں

کیا اٹھیں گے نیاز مندوں سے
تیرے ناز اے صنم زیادہ ہیں

دشمنوں کے ستم ہزار سہی
دوستوں کے کرم زیادہ ہیں

سخت مصروفیت رہی پھر بھی
آج ہم تازہ دم زیادہ ہیں

دِل کے سودے میں کیا حساب کتاب
کتنے دینار کم زیادہ ہیں

صاحبانِ علَم ہیں چند شعورؔ
صاحبان قلم زیادہ ہیں

✵

افشا کوئی آفت، کوئی افتاد نہیں کی
اس نغمہ سرا نے کبھی فریاد نہیں کی

ہم بھول گئے حادثۂ عشق کی تفصیل
افسوس قلمبند وہ روداد نہیں کی

دیوانے درو بام کے محتاج کہاں ہیں
اس قوم نے دلّی کہیں آباد نہیں کی

ہم اپنے سہارے گئے میخانے سے گھر تک
منظور کسی اور کی امداد نہیں کی

تاریخِ ملاقات بتائی نہیں اُس نے
ہم نے بھی مقرر کوئی میعاد نہیں کی

تازہ نظر آتی ہے ہمیں راہِ محبت
حالانکہ یہ اپنائی ہے، ایجاد نہیں کی

خود ذہن میں رہ جاتی ہیں کچھ کام کی باتیں
دانستہ کوئی بات کبھی یاد نہیں کی

اب تک ہیں شعورؔ آپ سمجھ بوجھ سے محروم
کیا عمرِ دراز آپ نے برباد نہیں کی

✲

وہ یہ تکلیف پابندی سے فرماتے تھے روزانہ
جو اب ہفتوں نہیں آتے، کبھی آتے تھے روزانہ

بسر ہوتی تھی شام ان کی ہماری میزبانی میں
ہمارے ساتھ کچھ پیتے تھے، کچھ کھاتے تھے روزانہ

وہ چاہے دیر سے آئے ہوں یا بروقت آئے ہوں
ہمیں شدت سے اپنا منتظر پاتے تھے روزانہ

جدا ہونے سے پہلے ہم محلے میں ٹہلتے تھے
ادھر جاتے تھے روزانہ، اُدھر جاتے تھے روزانہ

شعورؔ آپے میں رہنا چاہیے انسان کو پی کر
ہمیں کس کس طریقے سے وہ سمجھاتے تھے روزانہ

٭

کسی نے سنبھالا نہ آ کے ہمیں
سبق مل گیا لڑکھڑا کے ہمیں

اثر آنسوؤں کا نہ پڑتا بھلا؟
بہت خوش ہوئے وہ رُلا کے ہمیں

غزل ہم نے چھیڑی تو احباب نے
سنُا مسکرا مسکرا کے ہمیں

خدا نے صنم محو کروا دیا
پریشانیوں میں لگا کے ہمیں

سرور آ گیا اے گلابی پری
اب آکاش لے چل اڑا کے ہمیں

منانا پڑا ایک ناراض کو
کسی اور کے ساتھ جا کے ہمیں

یہی حال ہے ابتدا سے شعورؔ
ملے ہیں الم انتہا کے ہمیں

✿

پوری سزائے زندگی کرنے کے بعد ہی
اب ہم رہائی پائیں گے مرنے کے بعد ہی

آرام سے رہو کہ تڑپتے رہو میاں
آتی ہے صبح رات گزرنے کے بعد ہی

مٹی میں حسرتوں کی لڑی مل گئی مگر
کچھ دانے چن لیے تھے بکھرنے کے بعد ہی

دوزخ کا ذکر مولوی صاحب کا فرض ہے
آتے ہیں لوگ راہ پہ ڈرنے کے بعد ہی

مانا کہ سیر ہو کے گئے ہیں جنابِ شیخ
آجائیں گے خمار اترنے کے بعد ہی

برداشت اور صبر سے عاری ہو تم شعورؔ
سارا پیالہ پی گئے بھرنے کے بعد ہی

٭

اور ہر چیز نام کی دی ہے
جنسِ دِل اُس نے کام کی دی ہے

زندگی نے کسی کو مستقلاً
کب اجازت قیام کی دی ہے

صبر دے گا ہمیں وہی جس نے
بے کلی صبح و شام کی دی ہے

جانے کس پیاس نے ہمیں ترغیب
شغلِ مینا و جام کی دی ہے

حوصلہ دے معاف کرنے کا
جس نے خو انتقام کی دی ہے

اپنی بے اختیاریوں کو شعورؔ
ہم نے صورت نظام کی دی ہے

✻

اداسی ساتھ جاتی ہے جہاں جائیں
بھلا اس بے دلی میں ہم کہاں جائیں

وہ دشتِ دِل میں آ کر کیا کریں گی
بہاریں بوستاں در بوستاں جائیں

پہنچ سکتے نہیں جس جس جگہ ہم
ہمارے ہم خیال و ہم زباں جائیں

نہ ہو کارِ محبت زندگی میں
تو دیوانوں کی عمریں رائگاں جائیں

ہمیں جانا ہے مے خانے چمن سے
عنادِل اپنے اپنے آشیاں جائیں

شعورؔ اپنا سفر جاری رکھو تم
نہیں جاتے تو اہلِ کارواں جائیں

✲

شام کو بادہ خانے آ جانا
دِن کی فکریں بھلانے آ جانا

اپنے دکھ درد اور اپنے عیش
رونے آ جانا، گانے آ جانا

چاہیے گردشوں کے بعد آرام
تھک کے اپنے ٹھکانے آ جانا

اڑتے پھرنا ادھر اُدھر دِن بھر
رات کو آشیانے نے آ جانا

ایک دِل تھا، وہ دے دیا ہم نے
اب ہمیں مت ستانے آجانا

روٹھ کر جائیں ہم اگر تم سے
پیچھے پیچھے منانے آجانا

ہم نہیں بے وفا تمہاری طرح
اے شعورؔ آزمانے آجانا

٭

ہماری صبح کیا ہے ، شام کیا ہے
قفس میں لمحہ لمحہ ایک سا ہے

برابر ہے اُجالا اور اندھیرا
نکلتا ہے نہ سورج ڈوبتا ہے

گِنائے جارہے ہیں گُن ہمارے
ہمارا نام روشن ہو رہا ہے

چُرائیں جان کیا دکھ جھیلنے سے
ہمارا کام ہی دکھ جھیلنا ہے

گلابی کیا بلا ہے، کیا بتائیں
ہمیں اس شے نے پاگل کر دیا ہے

تم آسکتے ہو اپنا گھر سمجھ کر
ہمارے دِل کا دروازہ کھلا ہے

شعورؔ اب اور کیا ہونا ہے باقی
جو ممکن تھا وہ سب کچھ ہوچکا ہے

✿

دوست کب دکھ بٹانے والے ہیں
صرف ہنسنے ہنسانے والے ہیں

شہر کا شہر ڈوب سکتا ہے
اتنے آنسو بہانے والے ہیں

ہم گریزاں زمانے والوں سے
اور ہم سے زمانے والے ہیں

شیخ جی کے سوا مرے سب دوست
پینے والے پلانے والے ہیں

سوچ میں ہیں ہماری دعوت پر
وہ بہانہ بنانے والے ہیں

ہم سے کیا بیر دوستو! ہم تو
پیار کے گیت گانے والے ہیں

چھوڑ دو اب تکلفات شعورؔ
یہ طریقے پرانے والے ہیں

٭

مری خاک پہنچی کہاں سے کہاں
نہ معلوم جائے یہاں سے کہاں

سمجھتا ہے خود کو نشے میں کوئی
فروتر صدور و شہاں سے کہاں

کہیں غیر ممکن نہیں ارتحال
مفر اس غمِ ناگہاں سے کہاں

خدایا! خلوص و محبت کا دور
گیا تو گیا اس جہاں سے کہاں

بلایا تھا اُس نے ہمیں جس جگہ
نہ پوچھو گئے ہم وہاں سے کہاں

اکیلے چلے جا رہے ہو شعورؔ
نکل کر صفِ ہمرہاں سے کہاں

✽

غزل سرائی نہیں صبح و شام کی اچھی
کبھی کبھار کوئی بیت کام کی اچھی

سنا تھا ہم نے بہت نام ایک نعمت کا
ہوئی نصیب تو نکلی وہ نام کی اچھی

لگائیں جان کی بازی نہ زندگی کے لیے
تو زندگی نہیں ہوتی عوام کی اچھی

زمین ایک، فلک ایک ہے لٰہذا سیر
کسی بھی سمت، کسی بھی مقام کی اچھی

ہمیں کہاں ہے کوئی شہر ناپسند اگر
سہولتیں ہوں قیام و طعام کی اچھی

شعورؔ لوگ سنیں غور سے تو داد ملے
تمھیں کلامِ بلاغت نظام کی اچھی

✺

زماں کچھ بھی، مکاں کچھ بھی نہیں ہے
زمیں تا آسماں کچھ بھی نہیں ہے

نہیں ہیں آپ تو ہونا ہمارا
بجز وہم و گماں کچھ بھی نہیں ہے

نظر سے بات ہوتی ہے نظر کی
محبت میں زباں کچھ بھی نہیں ہے

تمہارا تذکرہ شامل ہے ورنہ
ہماری داستاں کچھ بھی نہیں ہے

ہم اپنے آپ میں ہیں قید و آزاد
قفس یا آشیاں کچھ بھی نہیں ہے

اثر ڈالے نہ اُس بے درد پر کوئی
تو فریاد و فغاں کچھ بھی نہیں ہے

تمہاری نوحہ خوانی کا نتیجہ
شعورؔ نوحہ خواں! کچھ بھی نہیں ہے

✿

لوگ پیتے ہیں تو سرشار بھی ہوتے ہوں گے
غمزدہ دِل گل و گلزار بھی ہوتے ہوں گے

سب کو ہر جائی سمجھنا کوئی انصاف نہیں
بعض محبوب وفادار بھی ہوتے ہوں گے

کوئی چہرہ جب اُسے دیکھ کے کِھلتا ہوگا
سرخ اُس شوخ کے رخسار بھی ہوتے ہوں گے

بارور پوری مسافت نہیں ہوتی ہوگی
کچھ قدم راہ میں بیکار بھی ہوتے ہوں گے

گھر میں بیٹھے ہوئے تم ڈول رہے ہو تو شعورؔ
یہ تماشے سرِ بازار بھی ہوتے ہوں گے

✻

ودیعت ہوئی ہے ہمیں قصہ خوانی
دِل افسانوی ہے، زباں داستانی

خیالات آگے ہیں، الفاظ پیچھے
ہماری طبعیت میں ہے وہ روانی

سماعت کرو گے تو معلوم ہوگا
کہ یہ آپ بیتی ہے کیسی کہانی

ہمیں حاسدوں پر تعجب ہے اپنے
انہیں زہر لگتی ہے شیریں بیانی

مراسم تکلف سے رہتے ہیں قائم
ضروری ہے مہمانی و میزبانی

اسے آدمی خود نہ دوزخ بنالے
تو واللہ جنت ہے دنیائے فانی

محبت میں ہر لفظ ہوتا ہے کتنا
کثیر المطالب، وسیع المعانی

ہمیں تم نے کیا کیا لکھا ہے خطوں میں
کسی وقت بھی ہم سنادیں زبانی

شہیدوں کو کیا فائدہ برسیوں سے
اگر زندگی میں نہ ہو قدردانی

سنا ہر نئی بات پر شیخ جی سے
کہ قربِ قیامت کی ہے یہ نشانی

شعورؔ آپ ادیبوں میں بیٹھے ہوئے ہیں
سمجھ سوچ کر کیجیے لن ترانی

٭

شوق میں حائل نہیں سِنِّ شریف
ہیں جوانوں سے بھی آگے ہم ضعیف

دِل کا آئینہ ہے ایسا آئینہ
جو نہیں ہوتا کسی رخ سے کثیف

پہلے فرماتے ہیں وہ مشقِ ستم
اور پھر ہوتے ہیں محجوب و خفیف

ہم سے پوچھے اُن کا پتھر پن کوئی
ہیں بظاہر وہ بڑے نرم و لطیف

کون پھلتا پھولتا ہے عشق میں
ہم ہیں مجنوں سے بھی کمزور و نحیف

شوخیوں سے باز کیا آئے شعورؔ
آدمی ہے ایک حیوانِ ظریف

✿

ہم نے ہر فوج کشی سوچ سمجھ کر کی ہے
جس مہم پر بھی گئے ہیں وہ مہم سر کی ہے

ابتری اور زیادہ نہیں ممکن یعنی
اب توقع ہمیں اس حال سے بہتر کی ہے

اپنے ساقی سے الجھتے نہیں میکش لیکن
ہم نے یہ جرأتِ رندانہ بھی اکثر کی ہے

ٹال دیتے ہیں وہ بس بادہ و ساغر پہ ہمیں
کیا ضرورت ہمیں بس بادہ و ساغر کی ہے

اپنے اعصاب پہ قابو نہیں پایا ہم نے
بلکہ جمعیّتِ جنّات مسخر کی ہے

ہم ہی محروم نہیں راحت و آسائش سے
صورت حال یہی شہر میں گھر گھر کی ہے

آپ کو دیکھ کے ہوتا ہے یہ اندازہ شعورؔ
قدر اِس دور میں کیا ایک سخنور کی ہے

٭

دِل میں ہمارے عشق تو کیا اب ہوس نہیں
اس پھول میں مہک نہیں، اس پھل میں رس نہیں

توبہ کے باوجود ہمارے لیے روا
پینے کے سلسلے میں کوئی پیش و پس نہیں

اپنے تاثرات رقم کر رہے ہیں ہم
حاصل سخنوری پہ ہمیں دسترس نہیں

محسوس ہو رہا ہے بھرے شہر میں ہمیں
جیسے قریب و دور کوئی ذی نفس نہیں

آنے میں اس مقام تک اس خاکسار کو
پینسٹھ برس لگے ہیں، برس دو برس نہیں

گھر سے فرار کی کوئی صورت کہاں شعورؔ
یہ قیدِ آشیانہ ہے، قیدِ قفس نہیں

گو آسماں بھی سر پر ظالم سماج بھی ہے
اچھی ہماری حالت کل بھی تھی، آج بھی ہے

ہنستے ہیں ہنسنے والے اقبال مندیوں پر
یہ طنز، یہ تمسخر، شاید خراج بھی ہے

مانوس ہو گئے ہیں ہم دردِ دِل سے ورنہ
دنیا میں جو مرض ہے، اُس کا علاج بھی ہے

ہم ایک جسم بھی ہیں اور ایک روح بھی ہیں
یہ احتیاج بھی ہے، وہ احتیاج بھی ہے

کچھ دور ساتھ چل کر یہ دیکھنا پڑے گا
وہ صرف ہم سفر ہے یا ہم مزاج بھی ہے

آج اے شعورؔ آنا ممکن نہیں ہمارا
کچھ لوگ آ رہے ہیں، کچھ کام کاج بھی ہے

✿

تواتر سے ہم آنے جانے لگے
تو زنداں ہمیں آشیانے لگے

محبت کے موسم میں شام و سحر
ہمیشہ سہانے سہانے لگے

اکیلے میں بیٹھے تھے چپ چاپ ہم
کوئی یاد آیا تو گانے لگے

لگا سنگ باری کے دوران پھول
تو منصور آنسو بہانے لگے

لگی تھی انہیں یاد کرنے میں آن
مگر بھولنے میں زمانے لگے

نشہ بھینی بھینی مہک کا نہ پوچھ
گلستاں ہمیں بادہ خانے لگے

ہمارا نہ معلوم کیا حال تھا
کہ سب دیکھ کر مسکرانے لگے

اب اٹھ جاؤ بستر سے انور شعورؔ
پرندے بہت چہچہانے لگے

✿

زبانوں سے باتیں نگاہوں سے باتیں
محبت کے دِن ہیں، محبت کی راتیں

کوئی احتیاط اب نہ ضبط و تحمل
ہوا میں اُڑی جا رہی ہیں قناتیں

بناتی ہیں گلدستہ انسانیت کو
یہ قومیتیں، یہ زبانیں، یہ ذاتیں

زمیں تنگ بھی ہو رہی ہو تو کیا ہے
کُھلی ہیں ہمارے لیے کائناتیں

کسی کو بتایا نہیں حال ورنہ
ہمیں لوگ ارسال کرتے زکاتیں

کبھی ہم نے دِل کی حفاظت نہیں کی
لگاتار ہوتی رہیں وارداتیں

شعورؔ اب نہ تم بھی کہیں روٹھ جانا
بہت ہم نے برداشت کر لیں وفاتیں

٭

خود نمائی کیا کوئی دانائی ہے
ہم نے آپ اپنی ہنسی اڑوائی ہے

بزم میں بیٹھا ہے وہ سب سے الگ
یہ اکیلا پن نہیں، یکتائی ہے

اپنی بے لوثی پہ حیرت ہے ہمیں
جانے یہ عادت کہاں سے آئی ہے

نکتہ چینی کا برا کیا ماننا
یہ ہماری حوصلہ افزائی ہے

کیا کریں گے ہم سبکدوشی کے بعد
عمر بھر محنت کی روٹی کھائی ہے

شیخ صاحب سے ہماری دوستی
اچھی خاصی معرکہ آرائی ہے

روز پی سکتا نہیں تنخواہ دار
آج کل بے انتہا مہنگائی ہے

مَے کَشی کا شوق تھوڑی تھا ہمیں
تشنہ کامی بادہ خانے لائی ہے

یہ غزل جیسی بھی ہو لیکن شعورؔ
شاعری کیا قافیہ پیمائی ہے

٭

پڑھ کے مجموعۂ حالات زمانے بھر کا
ہاتھ آیا مجھے مضمون فسانے بھر کا

رند و صوفی کو کِیا ایک نظر میں مفتوں
ہے ترے سامنے ہر کوئی نشانے بھر کا

اے خدا مفلس و محتاج ہیں تیرے بندے
اور تُو مالک و مختار خزانے بھر کا

کون ابھی بزم میں بیٹھا تھا، اُسے یاد نہیں
وقت لیتا ہے بھلانے میں وہ جانے بھر کا

آئیں بھی آپ تو فی الفور چلے جاتے ہیں
کیا بھلا آپ کا چہرہ ہے دکھانے بھر کا

مسکرانے میں بھی لگتی ہے کہاں دیر کوئی
روٹھنا آپ کا ہوتا ہے منانے بھر کا

ڈانٹ کھاتا ہے شعورؔ آج گھرانے بھر کی
بچپنے میں یہ چہیتا تھا گھرانے بھر کا

٭

چلن پیار کا اس گھرانے میں تھا
تو کتنا سکون آشیانے میں تھا

اکیلے کہاں گھومنے جائیں ہم
مزہ اُس کے ساتھ آنے جانے میں تھا

جو اندھیر اپنے زمانے میں ہے
بھلا کیا پرانے زمانے میں تھا

رہا دانے دانے کو محتاج آہ
وہ جس کا لہو دانے دانے میں تھا

مجھے کیا خبر داد بیداد کی
میں کھویا ہوا گیت گانے میں تھا

کہیں بے تکلف نہ ہوجائے کوئی
وہ محتاط ملنے ملانے میں تھا

نکالا گیا تھا کل انور شعورؔ
مگر آج پھر بادہ خانے میں تھا

٭

گفتگو تو نہ ہوسکی فوراً
آنکھ سے آنکھ مل گئی فوراً

عشق جیسا اہم ترین اقدام
کر گزرتا ہے آدمی فوراً

جب بھی آجائے وہ تصور میں
ہونے لگتی ہے شاعری فوراً

چاہے قائم ہوئی ہو برسوں میں
ٹوٹ جاتی ہے دوستی فوراً

ہم نے جیسے ہی بات پوری کی
اُٹھ گئے وہ ہنسی خوشی فوراً

بادہ نوشی اثر دکھاتی ہے
کبھی تاخیر سے، کبھی فوراً

اُس کا جانا ابھی رلائے گا
صبر آتا ہے کیا کوئی فوراً

ترکِ مَے کا ارادہ ہے تو شعورؔ
کچھ دنوں میں نہیں، ابھی، فوراً

✿

الٰہی! درہم و برہم تمام گلشن ہے
ہر آشیانہ پریشانیوں کا مسکن ہے

قضا کے تیر کو اس سے غرض نہیں ہوتی
جواں ہے، طفل ہے، بوڑھا ہے، مرد ہے، زَن ہے

تمہارے سامنے جاتی نہیں کسی پہ نگاہ
چمن میں سرو ہے، سنبل ہے اور سوسن ہے

ہم اپنی عمر بھلائے ہوئے ہیں بچوں میں
نہ ہوں یہ پھول سے چہرے تو باغ بھی بن ہے

میں اپنے دِل کو مقدس خیال کرتا ہوں
کہ یہ مقام مرے رفتگاں کا مدفن ہے

خریدتا نہیں جو شخص بے ضرورت کچھ
وہ تنگ دست نہیں ہے تو تنگ دامن ہے

شعورؔ سوچ سمجھ کر مقابلہ کرنا
دفاع کھیل نہیں ہے، بہت بڑا فن ہے

٭

آپ اغیار کے مجمع میں ہراساں کیوں تھے
جب مجھے دیکھ لیا تھا تو پریشاں کیوں تھے

ہجر کی رات کوئی کام نہیں تھا ان کا
جانے یہ کوکب و مہتاب فروزاں کیوں تھے

کوئی تو دیکھنے والا انہیں ہوگا ورنہ
ہم سے پہلے یہ گل و سنبل و ریحاں کیوں تھے

ہم سے کفار کو پرخاش نہیں تھی یارب
یہ شکایت تھی کہ ہم صاحبِ ایماں کیوں تھے

کیا ہمیں کوئی پری زاد نظر آیا تھا
گنگ کیوں تھے ہم اسے دیکھ کے حیراں کیوں تھے

ہو رہا ہے تجھے بازار میں لٹنے کا قلق
اتنے دینار و درم جیب میں ناداں کیوں تھے

آدمی کو اگر انسان نہیں بننا تھا
علم و فن کے یہ مراکز ، یہ دبستاں کیوں تھے

میں نے جب ہاتھ بڑھایا تھا تمہاری جانب
تم تذبذب میں گرفتار مری جاں کیوں تھے

عاشقوں کا تو محبت میں ہوا تھا یہ حال
اے شعورؔ آپ بھلا چاک گریباں کیوں تھے

❋

وہ نظروں سے نظریں ملا کے گیا تھا
ہمیں کچھ توقع دلا کے گیا تھا

ہمیشہ رہا کیف و مستی کا عالم
نہ جانے وہ کیا شے پلا کے گیا تھا

ہمیں نیند آئی نہ پھر موت آئی
جگا کے گیا تھا، جِلا کے گیا تھا

ضروری تھی اس کی مسرت میں شرکت
سو میں باوجود ابتلا کے گیا تھا

بھلا شہر میں قیس کا حال کیا ہے
بیابان سے بلبلا کے گیا تھا

رہے گا تمہارا بھچڑنا ہمیں یاد
کہ یہ واقعہ دِل ہلا کے گیا تھا

شعورؔ آخرِ کار اس پُھولبن سے
گیا تھا مگر گُل کِھلا کے گیا تھا

✽

جس طرح ہم نے بھلائے نہیں جانے والے
اس طرح یاد رکھیں گے ہمیں آنے والے

پہلے سولی پر چڑھاتے ہیں مسیحاؤں کو
بعد میں سوگ مناتے ہیں منانے والے

میری باتوں کے معانی بھی سمجھتے اے کاش
میری آواز سے آواز ملانے والے

نام دیتے ہیں مجھے آج خراباتی کا
اس خرابے کی طرف کھینچ کے لانے والے

دیکھنا چاہیے حالات کا روشن پہلو
رونے والوں سے سمجھ دار ہیں گانے والے

بادہ خواری ہی پہ معتوب نہیں آپ شعورؔ
اور باتیں بھی بتاتے ہیں بتانے والے

✵

شعورؔ! وقت پہ دِل کی دوا ہوئی ہوتی
تو آج فکر نہ ہوتی، شفا ہوئی ہوتی

مروّتہً بھی اگر آپ آگئے ہوتے
طمانیت ہمیں بے انتہا ہوئی ہوتی

نہ جانے کتنے برس ہو گئے فغاں کرتے
کبھی تو داد رَسی اے خدا ہوئی ہوتی

نہ تھا نصیب میں دِل کی مراد بر آنا
تو کاش صبر کی عادت عطا ہوئی ہوتی

ہمارا حال تمہاری سمجھ میں آجاتا
اگر کسی سے محبت ذرا ہوئی ہوتی

ہم اپنے آپ سے رہتے نہ بے خبر تو بھلا
ہماری صورتِ حالات کیا ہوئی ہوتی

شعورؔ! آپ کی آمد سے لاکھ بہتر تھا
غریب خانے پہ نازل بلا ہوئی ہوتی

❋

ایک دِن بھی پیار کے جنجال کا
روگ بن جاتا ہے ماہ و سال کا

ماضی و فردا کے ذکر و فکر میں
بیت جاتا ہے زمانہ حال کا

جانے نو عمری میں کیوں ہوتا ہے عشق
کیا یہ کوئی کھیل ہے اطفال کا

بھاگ دوڑ اچھی نہیں لگتی مجھے
آدمی ہوں میں پرانی چال کا

شہر میں انسان رہتے ہیں مگر
ہر طرف خطرہ ہے جان و مال کا

جانتا ہوں اس لیے خاموش ہوں
کیا اثر ہوتا ہے قیل و قال کا

شاعروں میں سب سے اوپر ہے شعورؔ
نام میرؔ و غالبؔ و اقبال کا

❋

مَے خانے جائیں گے نہ صنم خانے جائیں گے
نکلے ہم آشیاں سے تو ویرانے جائیں گے

ہم اُن کے پاس بیٹھ تو جاتے مگر ہمیں
معلوم تھا کہ دور تک افسانے جائیں گے

ہم نے بنا دیا ہے تمھیں ایک شاہکار
اب ہم تمھارے نام سے پہچانے جائیں گے

پیرِ مغاں کے ایک اشارے کی دیر ہے
میکش اچھالتے ہوئے پیمانے جائیں گے

شاید ہمیں وہ بھول گئے ہوں غیاب میں
ہم اُن کے سامنے انہیں یاد آنے جائیں گے

ہر شخص جائے گا تنِ تنہا جہان سے
اپنے کسی کے ساتھ نہ بیگانے جائیں گے

رستے ہزار بند ہوں صحراؤں کے شعورؔ
دیوانے جاسکیں گے تو دیوانے جائیں گے

٭

سُرخرُو ہوں گے محبت میں ہم انشاء اللہ
فتح چومے گی ہمارے قدم انشاء اللہ

کبھی محروم نہ رکھیں گے ستم سے اپنے
ہم پہ فرمائیں گے وہ یہ کرم انشاء اللہ

آ گیا ہے ہمیں ہر حال میں ہنستے رہنا
اب کسی بات کا ہوگا نہ غم انشاء اللہ

شیخ جی ساتھ ہمارا نہیں دیتے تو نہ دیں
دِل میں پچھتائیں گے خود محترم انشاء اللہ

کوئی اس شخص کو بھولا رہے چاہے برسوں
یاد آجائے گا وہ ایک دم انشاء اللہ

بادۂ ناب کے دو گھونٹ لگا لیجیے گا
دور ہوجائیں گے رنج و الم انشاء اللہ

ہم نے اللہ سے امید لگالی ہے شعورؔ
رام ہو جائے گا اب وہ صنم انشاء اللہ

❋

راس آئی ہے تو زمزمہ پیرائی آئی ہے
گویا اسی لیے ہمیں گویائی آئی ہے

بیٹھے ہوئے ہیں روشنیوں رونقوں میں ہم
کس دھوم دھام سے شبِ تنہائی آئی ہے

دولت ہمارے ہاتھ میں ٹھیری نہیں کبھی
حالانکہ بار بار یہ ہرجائی آئی ہے

ممنوع تو ضرور ہے بازار میں وہ چیز
جب بھی کسی رسوخ سے منگوائی، آئی ہے

میرے مقابلے میں ہوئے ہیں وہ نیک نام
اہلِ ورع کے کام یہ رُسوائی آئی ہے

جس شام اُن کے ساتھ ہوئی ہے چمن کی سیر
قلب و نظر میں اور توانائی آئی ہے

منصور کو بچائے گا کوئی نہیں شعورؔ
خلقِ خدا بطور تماشائی آئی ہے

❋

جاگے ہوئے ملیں کہ وہ سوئے ہوئے ہمیں
لگتے ہیں اپنے آپ میں کھوئے ہوئے ہمیں

اب ساحلِ مراد کہاں اور ہم کہاں
مدت ہوئی سفینہ ڈبوئے ہوئے ہمیں

چھ سات سال سے نہیں آئی کسی کی یاد
چھ سات سال ہو گئے روئے ہوئے ہمیں

آنکھیں یہ دِل سے پوچھتی ہوں گی کبھی کبھی
رکھتے ہو کیوں ہمیشہ بھگوئے ہوئے ہمیں

اٹھتے ہیں پی پلا کے جب اہلِ صفا شعورؔ
ساغر دکھائی دیتے ہیں دھوئے ہوئے ہمیں

✿

وعدہ تو کر لیا مگر ایفا نہیں کیا
تم نے ہمارے ساتھ یہ اچھا نہیں کیا

لوگوں کا اعتبار کیا ہم نے مدتوں
پھر اپنے آپ پر بھی بھروسا نہیں کیا

شاید شفا نہیں تھی ہمارے نصیب میں
کیا کیا علاج تو نے مسیحا نہیں کیا

ممکن نہیں بحالیٔ عزت کسی طرح
اس سلسلے میں ہم نے بھلا کیا نہیں کیا

سچ بولنے پہ سنگ زنی کر رہے ہیں لوگ
ہم نے کوئی گناہ خدایا نہیں کیا

اپنی شکستِ فاش میں میرا بھی ہاتھ ہے
یہ کارنامہ غیر نے تنہا نہیں کیا

ہم نے بھی ایک عشق کیا تھا کبھی شعورؔ
لیکن اس احتیاط سے، گویا نہیں کیا

✿

شبِ یلدا بسر ہو گی نہ ہوگی
خدا جانے سحر ہوگی نہ ہوگی

ہمیں مرنے کی آزادی خدایا
فراہم عمر بھر ہوگی نہ ہوگی

خوشی دیکھی ہے تکلیفیں اٹھا کر
عزیزو! آنکھ تر ہوگی نہ ہوگی

زبردستی پلائی جا رہی ہے
دوائی بے اثر ہوگی نہ ہوگی

شعورؔ اب صبحِ کاذب کا عمل ہے
کہانی مختصر ہوگی نہ ہوگی

✽

اُن کی صورت ہمیں آئی تھی پسند آنکھوں سے
اور پھر ہو گئی بالا و بلند آنکھوں سے

کوئی زنجیر نہیں تارِ نظر سے مضبوط
ہم نے اُس چاند پہ ڈالی ہے کمند آنکھوں سے

ٹھیر سکتی ہے کہاں اُس رخِ تاباں پہ نظر
دیکھ سکتا ہے اُسے آدمی بند آنکھوں سے

ہم اٹھاتے ہیں مزہ تلخی و شیرینی کا
مَے پیالے سے پلاتا ہے وہ قند آنکھوں سے

بات کرتے ہو تو ہوتا ہے زباں سے صدمہ
دیکھتے ہو تو پہنچتا ہے گزند آنکھوں سے

ہر ملاقات میں ہوتی ہیں ہمارے مابین
چند باتیں لبِ گفتار سے، چند آنکھوں سے

عشق میں حوصلہ مندی بھی ضروری ہے شعورؔ
دیکھئے اُس کی طرف حوصلہ مند آنکھوں سے

٭

نشّے میں رنج و غمِ زندگی نہیں ہوتے
ہم اپنے آپ کو محسوس ہی نہیں ہوتے

نہ جانے کیوں ہمیں اپنے دکھائی دیتے ہیں
اگرچہ آپ ہمارے کوئی نہیں ہوتے

امید آدمی رکھتا ہے عشق میں اُن کی
جو معجزے نہیں ہوتے ، کبھی نہیں ہوتے

ہمارے ذہن میں رہتے نہیں کسی کے سخن
اگر پسند ہمیں واقعی نہیں ہوتے

شعورؔ پی کے خواص و عوام میں رُسوا
تمہاری طرح شریف آدمی نہیں ہوتے